청소년 진로 나침반

지금, 꿈이 없어도 괜찮아

비행청소년

06

청소년 진로 나침반

지금,
꿈이 없어도
괜찮아

초판 1쇄 발행 2015년 3월 30일
초판 10쇄 발행 2023년 4월 14일

지은이 박승오 · 김영광
펴낸이 홍석 이사 홍성우
그린이 신병근 디자인 김명희
마케팅 이송희 · 한유리 · 이민재
관리 최우리 · 김정선 · 정원경 · 홍보람 · 조영행

펴낸 곳 도서출판 풀빛 등록 1979년 3월 6일 제2021-000055호
주소 07547 서울특별시 강서구 양천로 583 우림블루나인 A동 21층 2110호
전화 02-363-5995(영업), 02-364-0844(편집) 팩스 070-4275-0445
홈페이지 www.pulbit.co.kr 전자우편 inmun@pulbit.co.kr

ISBN 978-89-7474-767-1 44190
ISBN 978-89-7474-760-2 44080(세트)

책값은 뒤표지에 표시되어 있습니다.

이 책의 국립중앙도서관 출판시도서목록(CIP)은 서지정보유통지원시스템 홈페이지(seoji.nl.go.kr)와
국가자료공동목록시스템(www.nl.go.kr/kolisnet)에서 이용하실 수 있습니다.
(CIP제어번호 : CIP2015007765)

청소년 진로 나침반

지금,
꿈이 없어도
괜찮아

비행청소년

06

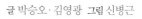

글 박승오·김영광 그림 신병근

풀
빛

꿈이 없어도 되는
그대에게

이 책이 나와서 참 좋습니다. '좋다'는 말은 '마음에 쏙 든다'는 말입니다. 언제부턴가 '꿈샘', '꿈교육전문가'를 자처하며 '꿈전도사'로 살고 있는 제가 모처럼 청소년을 위한 진로 관련 도서를 접한 것만으로도 기분이 좋은데, 이렇게 훌륭한 책의 추천사를 쓰게 되다니 무척 기쁩니다. 마치 오랫동안 그리워하던 친구를 만난 것처럼 반갑고 행복합니다.

이 책은 우선 제목부터가 도발적입니다. 최근 몇 년간 우리나라 초-중-고등학교와 각종 방송매체에서 가장 많이 등장하는 단어가 '꿈'입니다. 그만큼 '꿈'이 소중하다는 거죠. 그런데, 이렇게 '꿈'이 강조되는 이유는 우리 아이들에게 꿈이 필요하기 때문일 겁니다. 그런데 이 책의 저자는 '꿈이 없어도 괜찮아'라는 엉뚱한 제목으로 독자들의 호기심을 자극하고 있습니다.

극심한 입시경쟁과 성적에 의한 줄 세우기로 영혼 없는 청춘을 보내고 있는 우리 아이들을 향해, 그리고 당장 꿈이 있어도 시원치 않은 아이들을 향해 아주 단호히 '꿈이 없어도 괜찮아!'라고 말하는 이유가 무엇일까요? 저자는 지금까지 이 사회의 어른들이 우리 아이들에게 강요하다시피 강조해 온 '꿈'이라는 말이 뭔가 잘못된 것이라고 조목조목 꼬집고 있습니다.

먼저, '직업'이 '꿈'과 동일한 것은 아니라고 말합니다. 진짜 '꿈'은 따로 있다는 겁니다. 이와 관련하여 이 책은 꿈을 '명사형 꿈(갖고 싶은 직업)'과 '동사형 꿈(그 직업을 통해 궁극적으로 하고 싶은 것)'으로 나누어서 설명하는데, 참으로 일리가 있는 구분이라고 생각합니다. 이제는 제법 많은 사람들이 말하고 있는 '꿈 너머 꿈'도 같은 맥락에서 이해할 수 있습니다.

또한 이 책에서 저자는 '진짜 꿈'과 '가짜 꿈'을 엄격히 구분합니다. 즉, '흉내 내는 꿈'과 '강요된 꿈' 대신 내 자신이 진정으로 하고 싶고, 되고 싶은 것, 즉 '진짜 꿈'을 찾으라고 힘주어 말합니다. 그리고 진짜 자기 자신의 꿈을 찾으려면 어떻게 해야 하는지 방법도 아주 친절하게 알려 줍니다. 제가 거두절미하고 이 책이 참 좋은 책이라고 소개한 이유는 바로 이 때문입니다. 이 책을 한 장 한 장 읽어 가다 보면, 지금 꿈이 있는 사람은 자기도 모르게 이전의 꿈을 점검하여 새롭게 미래를 설계하게 되고, 꿈이 없던 사람은 자신의 꿈을 찾아가게 될 것이라고 기대합니다.

이 책을 쓰신 김영광 선생님은 우리나라 청소년들 특히 중고생들의 꿈과 끼를 살려 행복한 성장을 돕고자 "기업가정신 프로그램"을 기획하고 실행해 오신 매우 소중하고 역량 있는 분이십니다. 박승오 선생님은 다년간 젊은이들의 방향 설정을 돕는 진로 프로그램 '나침반'을 운영하면서 어떻게 살 것인지 막연한 수많은 청년들에게 길을 제시하였지요. 청소년들을 위한 두 분 저자의 노력이 이 책을 통해 이제 나오게 되었으니, 부디 좋은 결실로 이어지기를 빕니다.

끝으로, 이 책이 2016년부터 전국의 모든 중학교에서 본격적으로 시행될 자유학기제를 위해 많은 도움과 참고가 되리라고 확신하며 대한민국 모든 청소년들이 진짜 꿈을 찾고, 꿈을 위한 구체적 설계를 하고, 꿈에 한 발씩 다가서기 위한 열정적 노력을 기울이기를 기원합니다!

꿈교육연구소장, 서울대학교 청소년교양교육센터 선임연구원

박영하 Dream

위로를 넘어 공부와 삶의 목적을 제시하는 책

"**선**생님, 저는 무슨 과를 가서 어떤 일을 해야 할까요?" 진로 교사로 여러 해를 근무하면서 많은 학생들을 만나 진로 상담을 할 때 첫 질문으로 가장 많이 대하게 되는 말입니다.

그런데 왜 학생들은 스스로에게 이 질문을 던지지 않고 다른 사람의 힘을 빌고자 하는 것일까요. 아마도 두 가지 이유 때문일 것입니다. 첫째, 진짜 내가 무엇을 원하는지 몰라서. 둘째, 내가 무엇을 원하는지 알지만 부모님이나 학교에서 추천하는 길로 가는 것이 더 맞는 것 같아서(지금까지 그렇게 교육을 받아 왔기 때문에). 첫 번째 경우의 학생은 이제부터 자신을 알아가는 탐색을 해야 할 것이고, 두 번째 경우의 학생은 자신이 원하는 것을 밀고 나아갈 용기를 갖도록 해야 합니다.

어떻게 할 수 있을까요? 감히 확언하건대, 이 책이 그 고민에 대한 답을 줄 수 있으리라 생각합니다. 이 책은 내가 무엇을 바라고 무엇을 잘하는지 알게 해 주고, 내가 원하는 것과 사회가 원하는 것 사이의 차이를 극복하고 자신이 원하는 것을 밀고 나갈 에너지를 선사하고 있기 때문입니다.

꿈이나 진로를 이야기하면 많은 사람들이 대부분 미래의 직업을 이야기하죠. 안타깝게도 그 미래의 직업이라는 것이 남들이 좋다고 하는 직업을 앵무새처럼 따라 말하는 것에 지나지 않을 때가 대부분입니다. 오로지 좋은 성적, 남들이 알아주는 타이틀 획득을 꿈으로 삼고 왜 그래야 하는지 생각조차 하지 않는 이가 많습니다. 청소년 진로 교육에서 가장 중요한 것은 학생들이 자신의 삶의 목적을 찾도록 돕는 것에 있다고 생각합니다. 우리는 자칫 미래의 직업을 하루빨리 정하도록 하는 걸 진로 교육으로 오해하고 있지는 않은지요.

《지금, 꿈이 없어도 괜찮아》를 읽어 가면서 그동안 답답했던 마음이 확 뚫리는 것 같습니다. 모두가 반짝반짝 자신만의 재능으로 가득 찬 가능성의 씨앗들이 제도와 사회의 압력에 의기소침해 있는 모습을 볼 때마다 "네 가능성을 봐 봐." 이렇게 소리 높여 말해 주고 싶었습니다. 안타까운 이 외침이 두 저자 삼촌의 친절한 입말을 통해 대신 다가가는 것 같습니다. 직업으로서의 꿈이 아닌 네가 진짜로 하고 싶은 것, 다른 사람들보다 더 잘하는 것 말고 네 여러 가능성 중에서 가장 자신 있는 한 가지 재능에 열정을 쏟으라고 말하고 싶었는데, 이 책이 바로 그 이야기를 하고 있습니다.

더 고마운 것은 인생의 방향키를 잡고 그것을 직업과 연결시킬 수 있는 노하우를 매우 체계적이고도 쉽게 설명하고 있다는 점입니다. 왜(why) 공부해야 하는지-어떻게(how) 가치를 실현할 수 있는지-무슨 일(what)을 통해 그것을 실현할 것인지, 이 책은 선명하고도 또렷하게 그 방법을 제시하고 있습니다.

이 책은 아직 자신의 꿈을 찾지 못해 허우적대는 청소년에게 위로를 넘어 희망과 용기를 전합니다. 무엇인가에 쫓기듯 자신의 미래 직업을 지금 당장 정해야만 한다는 강박관념에서 벗어나 자신과 세상에 대해 여유를 갖고 관찰하도록 돕지요. 그리하여 자기만의 온전한 삶의 목적을 찾고 그것이 세상에 이롭게 쓰일 수 있는 방법을 안내하고 있습니다. 학교 공부를 넘어 진정한 공부의 이유를 발견하고 주도적인 삶을 살아가도록 돕는 책이지요.

진로진학상담교사와 부모님에게도 더없이 고마운 선생님 역할을 합니다. 아이들의 짧은 질문 안에 담긴 말 못할 수많은 고민의 꾸러미를 어디서부터 풀어나가야 할지 늘 답답한 어른들은 이 책에서 안내의 실마리를 얻을 수 있습니다.

여러 진로 책 중에서 모처럼 귀한 보물을 만난 것 같습니다. 부디 이 책을 통해 진로라는 말만으로도 머리가 아픈 학생들은 지금 이대로도 충분히 괜찮다고, 이제 진짜 제대로 시작할 수 있다고 위로받기를. 어떻게 학생들에게 다가갈 것인지 고민했던 어른들은 지금, 너희들은 꿈이 없어도 괜찮다고, 지금으로도 너무 훌륭하다고 진정 어린 악수를 학생들에게 건네기를 소망합니다.

덕수중학교 진로 교사, 서울중학교진로진학상담교사협의회 초대 회장
《청소년을 위한 꿈꾸는 다락방》 공저자

오정택

차례

004 ······ 추천사 1 꿈이 없어도 되는 그대에게 · 박영하

007 ······ 추천사 2 위로를 넘어 공부와 삶의 목적을 제시하는 책 · 오정택

014 ······ 프롤로그 방황했던 삼촌들이 방황하는 조카에게

Why 1부 왜 방향성이 중요할까?

026 ······ 1장 성공이란 무얼까?

031 ······ 2장 지금, 꿈이 없어도 괜찮아

037 ······ 3장 미래가 우리에게 속삭이는 것

043 ······ 4장 한 우물을 파기 전에 '시추'부터

How1 2부 꿈, 어떻게 찾을까?

052 ······ 1장 꿈을 물으면 왜 직업을 대답하니?

058 ······ 2장 꿈이 만들어 내는 기적

062 ······ 3장 '가짜 꿈'을 구별하는 방법

069 ······ 4장 가짜 꿈 ① : 흉내 내는 꿈

075 ······ 5장 가짜 꿈 ② : 겉모습만 보는 꿈

080 ······ 6장 가짜 꿈 ③ : 두려워서 안주하는 꿈

087 ······ 7장 꿈에 생명을 주는 것

How2 **3부** 재능, 어떻게 개발할까?

096 ······ **1장** 좋아하는 것과 잘하는 것은 다르다

102 ······ **2장** 재능은 '나도 모르게 반복적으로' 하는 것

108 ······ **3장** 재능이 없을지도 모른다는 두려움

113 ······ **4장** 재능 발견법 ① : 다중지능 검사

126 ······ **5장** 재능 발견법 ② : 성격 유형 검사(MBTI)

134 ······ **6장** 재능 발견법 ③ : 자기 관찰법

142 ······ **7장** 재능을 친구로 만드는 법

149 ······ **8장** 재능은 빛나는 보석이 아니야

 What  4부 세상에 어떻게 나아갈까?

158 …… 1장 중요한 건 속도가 아니라 '방향'

166 …… 2장 왜 직업을 가져야 할까?

171 …… 3장 변화하는 세상, 창조하는 직업

177 …… 4장 나에게 꼭 맞는 직업을 찾는 법

184 …… 5장 직업의 구석구석을 알아보려면

192 …… 6장 세상에 이로운 직업

198 …… 7장 나는 지금 뭘 할 수 있을까?

204 …… 에필로그 지금, 방황해도 괜찮아

212 …… 부록 1 다중지능 검사 지능별 설명

220 …… 부록 2 MBTI 8가지 성격 유형별 설명

225 …… 부록 3 MMTIC 기질별 학습 태도 및

16가지 어린이 · 청소년 성격 유형 특징

방황했던 삼촌들이
방황하는 조카에게

안녕? 만나서 반가워. 삼촌이야.

가족도 아닌데 '삼촌'이라고 부르니 어색하지? 사실, 나도 조금 쑥스럽
네. 그럼에도 삼촌이 스스로를 이렇게 부른 데는 이유가 있어. 삼촌은 어렸
을 적에 개구쟁이여서 자주 아빠에게 혼나곤 했어. 한바탕 호되게 꾸지람
을 듣고 나면, 이상하지? 늘 엄마보다는 삼촌을 찾아가게 되는 거야. 삼촌은
나랑 열다섯 살 차이가 났었는데, 늘 나에게 다정히 대해 주었지. 맛있는 것
도 많이 사 주고 말이야. 그래서 아빠나 선생님에게 할 수 없는 말, 예를 들
어 좋아하는 사람이라든가 앞으로의 진로에 대한 고민들을 삼촌에겐 이러
쿵저러쿵 솔직하게 털어놓을 수 있었어. 부모님보다 훨씬 젊어서 나와 대화
도 잘 통했고, 워낙 다양한 경험을 많이 하셔서 그런지 생각도 참 열려 있었
어. 차분히 내 말을 끝까지 다 들어 주시고는 잔소리를 하는 대신 꼭 재미난
이야기를 하나씩 들려주셨지. 삼촌이 친구에게 들었던 이야기, 책에서 읽

은 이야기, TV나 라디오에서 들은 이야기, 그리고 경험을 통해 깨달은 이야기⋯. 삼촌의 이야기를 듣고 있노라면 나도 모르게 귀가 열리고 마음이 따뜻해졌어.

나는 네게 이런 진짜 삼촌 같은 사람이고 싶어. 선생님처럼 너를 가르치거나 훈계하기보다는 네 말에 귀를 기울이고 재미난 이야기를 들려주는 사람. 이 책이 그렇게 네게 편안하게 다가갔으면 해.

아! 삼촌 소개를 빠뜨렸구나. '삼촌'이라고 단수로 말했지만 사실 우린 두 명이야. 승오 삼촌과 영광 삼촌. 우린 생김새도 다르고 나이도 다르고, 걸어온 길도, 재능도, 꿈도 달라. 그런데 한 가지, 인생을 살아가는 '방향'은 비슷해. 둘 다 배우는 걸 좋아하고, 그걸 사람들에게 가르치는 일에 가슴이 뛴다는 사실! 승오 삼촌과 영광 삼촌은 둘 다 예전에 꽤 오랫동안 방황의 시간을 겪었고, 그 시간을 통해 가짜 꿈에서 깨어나 진짜 꿈을 찾을 수 있었어. 한 명씩 그 이야기를 들어 볼래?

 대학교를 다니던 어느 날 버스를 타고 잠이 들었는데 휴게소라는 방송이 나오는 거야. 잠깐 나갔다 오려고 눈을 뜨려는데 눈곱이 굳어서 잘 안 떠지더라. 그래서 손을 들어 눈을 비볐지.

그런데 손가락 끝에 느낌이 이상했어. 눈꺼풀이 만져져야 하는데, 손끝에 촉촉한 각막이 만져지는 거야! 아뿔싸, 눈이 떠지지 않는 거라 생각했는데 눈이 보이지 않게 된 거였어. 삼촌은 그날부터 3일 동안 실명했었지.

병원을 여러 군데 다녔는데 의사들이 모두 '곧 시력을 잃게 될 것'이라고 판정했어. '녹내장'이라는 병이었는데 심각한 수준이었지. 왜 그렇게 됐을까, 생각해 보았지. 그 당시 삼촌은 '이틀에 한 번'만 자면서 독하게 공부하고 있었어. 무리해서 밤새 공부를 하다 보니 눈이 자주 빨갛게 충혈이 되는 거야. 그래서 약국에서 독한 안약을 사다가 눈에 넣기 시작했고, 6개월쯤 지나자 눈이 심하게 혹사당한 나머지 완전히 망가진 거였어.

많이 힘들었어. 어쩌다 이런 불행의 주인공이 되었는지 이유를 알고 싶었지. 나중에 알게 되었지만, 그 이유는 삼촌의 '형' 때문이었어. 어린 시절부터 IQ 160의 천재였던 형에 대한 경쟁심이 문제의 시작이었던 거야. 나는 형과 다른 사람이었는데도 형을 흉내 내려고 지나친 무리를 해 왔던 거야. 형을 좇아 KAIST에 입학한 기쁨도 잠시, 삼촌은 똑똑한 친구들 사이에서 살아남기 위해 남들보다 '2배' 노력해야 했어. 계산이 딱 떨어지더라. 친구들이 하루에 한 번 잘 때 삼촌은 2배 노력해서 이틀에 한 번만 자기 시작한 거지.

삼촌의 눈이 보이지 않게 되었던 것이 형을 흉내 내려고 했기 때문이라는 걸 알게 된 후에 삼촌은 스스로에게 질문하기 시작했어. 진정 나는 어떤 사람인지, 어떤 재능을 가지고 있고, 어떤 꿈을 이루고 싶은지 말이야. 그렇게 오랫동안 질문하고 대답을 찾는 과정을 거쳐 교육자로서 새로운 삶을 출발할 수 있었단다. 공학을 연구하는 일 대신 내가 인생을 통해 배운 소중한 지혜들을 강연을 통해 나누는 삶이지. 삼촌은 강연장에서 만난 사람들의 반짝이는 눈빛과 그들이 나를 통해 조금씩 변화되는 모습을 볼 때 가슴이 뛴단다. 참 행복해.

"슈퍼삼촌" 나는 승오 삼촌과 달리 공부를 썩 잘하는 학생이 아니었어. 게다가 부모님의 사업 실패로 가정형편이 계속 어려워지면서 고등학생 때는 다니던 학원도 모두 그만두어야 했지. 그때는 목표 없이 그저 현실을 잊고 시간 때우는 일을 찾았고, 그러다 보니 게임 폐인으로 살게 되었지. 그러다가 입시가 코앞에 닥치자 막연하게 동경했던 광고인이 되려고 뒤늦게 공부를 시작했는데, 점수가 모자라서 인문학부에 입학했어. 대학에서는 영문학과 심리학을 공부했는데 학자금을 마련하기 위해 공부보다 아르바이트에 더 많은 시간을 썼던 삼촌에게 광고인의 꿈은 점점 멀어져만 갔고, 어느새 취업을 눈앞에 둔 시점에선 남들이 알아주고 돈도 많이 받고 비교적 안정적인 대기업 취업이 가장 큰 목표가 되어 있었어. 넉넉하지 못한 집안형편에선 삼촌이 택해야 하는 현실적 대안이었지. 그걸 위해 삼촌은 진짜 열심히 준비했고, 당당히 입사를 했어. 정말 기뻤지. 이제

어엿한 사회인이 된 것도, 경제적 여유가 생긴 것도, 삶의 여유를 즐길 수 있는 상황도 충분히 만끽했어.

그런데 진짜 방황은 그때 시작되었어. 분명 안정적이고 어디 가서 꿀리지 않을 직장을 다니고 있었지만, 삼촌은 그때 내가 누구인지, 이 일을 하며 내가 잘 살고 있는 건지 심한 회의감에 시달리게 되었어. 경제적 안정과 남들의 인정 말고 내가 스스로 인정하고 만족하는 일을 하고 있는 건지 혼란스러웠어. 처음 직장을 선택할 때 최고의 가치로 여겼던 '안정'이 실은 삼촌이 정말 이루고 싶은 목표가 아니었던 거야.

삼촌은 계속 고민했어, 내 마음속에서 우러나와서 즐겁게 할 수 있는 일이 무엇인지 말이야. 솔직하게 내 마음의 소리에 귀를 기울여 보았어. 게임 폐인으로 살았던 청소년기의 내가 떠올랐고, 나처럼 방황하는 청소년을 위해 할 수 있는 일을 찾았지. 그래서 청소년을 위한 재능기부 단체를 만들어 4년 이상 활동하면서 청소년들이 꿈을 찾고 이루는 걸 돕는 일에 집중하게 되었어. 그 일을 하는 동안 '아, 이게 바로 내가 정말 즐겁게 할 수 있는 일이구나'라고 깨닫게 되었지. 그래서 지금은 청소년의 성장을 돕는 기업가정신 교육자로서 새로운 삶을 살고 있단다. 한 번뿐인 인생에서 정말 가치 있다고 생각하는 일을 비로소 찾게 된 거지. 이 일은 다른 사람들의 기준과 시선에 상관없이 삼촌 스스로 선택한 삶이고 꿈이야.

삼촌들이 살아온 경험과 환경은 각기 다르지만 무언가 서로 비슷한 걸 알 수 있겠니? 둘 다 인생에서 크게 방황한 적이 있다는 거야. 그리고 그걸 계기로 인생에서 중요한 질문을 마음속에 품게 되었고, 오랜 시간 그 질문에 대한 답을 찾으려고 했다는 거지. 물론 방황하기 이전에도 질문은 했었어. 다만 그 질문의 종류가 달랐다고나 할까…? 이게 무슨 말이냐고?

둘 다 처음에는 '무엇(what)'에 대한 답을 찾으려고 했었어. 그러니까 '무슨 대학을 가야 하지?' '무슨 과를 가야 하나?' '무슨 직업으로 먹고살지?' 하는 등의 질문이었지. 그러다 보니 맹목적으로 천재 형을 흉내 내게 되었고, 무리를 하다가 좌절하고, 게임에 빠지고, 대기업에서 방황하게 되었던 거야. 왜냐하면 이런 'what'의 질문들은 진짜 마음속에서 나온 게 아니거든. 무언가를 열심히 하고는 있었지만 '왜(why)' 그걸 해야 하는지에 대해서는 별로 질문하지 않았던 거야. 삼촌들은 뒤늦게 질문의 순서가 잘못되었다는 걸 알게 되었어.

우리는 'what'에 대해 질문하기 전에 먼저 'why'에 대해서 질문해야 했었어. '왜' 대학을 가야 하고, '왜' 그 전공을 선택해야 하며, '왜' 대기업을 가야 하는지에 대한 근본적인 이유에 대해 먼저 물었어야 했어.

이걸 쉽게 그림으로 설명하면 이래. 예전에 삼촌들은 우선 무슨 직업을 가져야 할지 정하고, 그걸 어떻게 준비해야 하는지 질문하는 순서를 따랐지. 그런데 이렇게 시작된 '꿈'은 늘 뒤늦게야 '도대체 내가 왜 이걸 하고 있는 거야?'라는 생각에 부딪히게 되는 거야. 왜 해야 하는지 명확하지 않으니

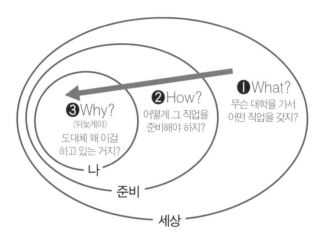

할 마음이 점점 약해지다가 결국 포기하게 되는 것이었지. 지금은 질문의
순서를 바꿔야 한다는 걸 알게 되었지. 이렇게 말이야.

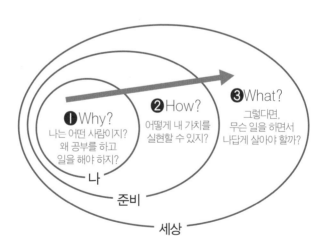

중요한 건 질문의 순서야. 내가 '왜' 그 일을 해야 하는지부터 출발해야 해. 그 '왜'가 마음속 깊은 곳의 '진짜 나'와 만나게 해 줄 거야. 곰곰이 생각해 보면 '왜'라는 질문은 사실, '나는 어떤 사람이지?'라는 말과 같은 질문이란 걸 알게 될 거야. 내가 어떤 사람이기에 그 일을 하고 싶은지 솔직하게 묻는 거지. 그래야 오랫동안 즐겁게 할 수 있고, 오래 즐기며 할 수 있어야 비로소 내 '천직'이 되는 거야. 그래서 이 책은 두 삼촌이 겪은 경험을 바탕으로 Why - How - What이라는 순서로 구성했어. 먼저 내가 어떤 사람인지, 어떤 인생을 살고 싶은지부터 탐색한 후에 무슨 직업을 가질지 다시 고민해 보는 거지. 이건 아주 중요한 문제야. 내가 어떤 사람인지 알고 나서 직업을 선택해야지, 직업부터 선택하고 나를 그 직업에 끼워 맞추려고 해야 문제만 생길 뿐이야. 어렸을 적의 삼촌들처럼 말이야.

이 책을 읽다 보면 두려움이 들기도 할 거야. 재능이 아무것도 없을 것 같다든지, 삼촌 말대로 해서는 돈을 많이 못 벌 것 같다든지, 부모님이 허락해 주지 않을 것 같다든지…. 하지만 걱정 마! 삼촌들도 비슷한 고민들을 했었고, 나름의 해법을 찾아 왔어. 그래서 그런 고민이나 두려움에 대해 본문에서 차근차근 풀어 가고 있단다. 인생이라는 것은 정답이 없으니 삼촌들이 정답을 줄 수는 없겠지만, 네게 도움이 될 수 있는 이야기를 해 주기 위해 많은 것을 경험했고, 오랜 시간을 고민했으니 힌트는 줄 수 있을 거야.

비록 지금은 짙은 안개가 사방을 가로막고 있겠지만 네게는 한 가지 강력한 무기가 있어. 바로 젊음이야. 젊음은 태양과 같아. 존재만으로도 세상을 환히 비추지. 이 젊음을 믿고 '나'를 찾아야 해. '청소년'이라는 이 빛나는 시절, 치열하게 고민해서 너만의 길을 발견해야 해. 한번 놓치면 다시 오기 힘든 시간들이 있거든. 그게 바로 청소년기이고, 자기 자신을 발견하는 시기야. 꿈을 정하기 전에 내가 누군지 묻고, 내 인생의 방향성에 대해 질문하고 답을 찾아야 해. 진짜 나를 찾지 못하면, 진짜 꿈을 찾을 수 없으니까.

삼촌들을 믿고 한번 따라와 보겠니?

지금,
꿈이 없어도
괜찮아

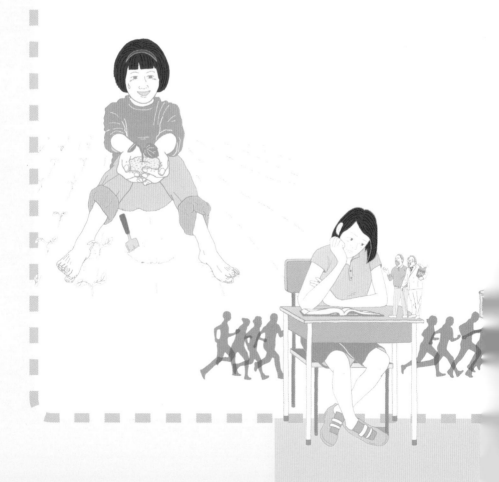

1부

왜 방향성이 중요할까?

성공이란
무얼까?
—

1장

Q 얼마 전에 아빠가 《성공하는 사람들의 7가지 습관》이라는 책을 읽고 계시 더라고요. 그러더니 저한테도 《성공하는 10대들의 7가지 습관》이라는 책을 사 주셨는데, 아직 읽어 보진 않았어요. 흔히 방송이나 신문에서 성공했다고 나온 사람들을 보니까 주로 큰돈을 벌었거나, 큰 회사를 만들었거나 무언가 큰 걸 이룬 사람들이던데, 꼭 큰 걸 이룬 사람들만 성공했다고 할 수 있는지 솔직히 궁금해요. 삼촌은 어떻게 생각하세요?

무엇이 성공인가

- 랄프 왈도 에머슨

아낌없이 웃는 것

현명한 이들에게 존경을 받고

아이들로부터 사랑을 받는 것

정직한 비평가의 인정을 받고

거짓된 이들의 배신을 참아 내는 것

아름다움에 감탄할 줄 알며

다른 사람들이 가진 가능성들을 발견하는 것

건강한 자녀를 키우든

작은 정원을 가꾸든

사회 문제를 개선하든

기쁨과 열정에 차 웃으며 노래하고 웃든

내가 살았던 세상보다 조금이라도 더 살기 좋은 세상으로

만들어 놓고 떠나는 것

내가 이 세상에 살았음으로 해서

단 한 사람의 인생이라도 보다 행복을 누리는 것

이 모든 것이 성공이다.

'성공한 사람'을 생각하면 어떤 모습의 사람들이 떠오르니? 평생 써도 다 못 쓸 것 같은 큰돈을 번 사업가? 수많은 팬과 카메라에 둘러싸여 화려한 삶을 사는 연예인? 말 한마디에 나라를 뒤흔드는 힘 있는 정치인? 올림픽에서 금메달을 딴 운동선수? 아마도 대부분 큰 성공을 거둔 사람들의 화려한 모습이 떠오를 거야.

그런 사람들의 이야기는 대부분 책이나 방송을 통해 널리 알려지지. 얼마나 크고 대단한 일을 해냈는지에 대한 '성공의 신화'들로 말이야. 어쩌면 우리는 그런 사람들의 화려한 이야기를 보면서 성공이라는 것이 크고 화려한 것이라고 세뇌된 것은 아닐까? 성공이란 정말 돈을 많이 벌거나, 모든 사람이 알 만큼 유명해지거나, 많은 사람에게 영향력을 행사

하는 것과 같이 큰 것을 이루는 것만을 의미할까?

언젠가 삼촌이 사전에서 '성공'의 뜻을 설명하는 대목을 보고 깜짝 놀란 적이 있어. '목적하는 바를 이룸,' 이렇게 소박한 정의를 보며 새삼 내가 성공을 오해하고 있었던 건 아닐까 깨닫게 되었거든. 그 내용이 무엇이든 각자가 좋아하는 바가 있을 것이고, 그 좋아하는 바를 얻는다면 누가 뭐래도 성공한 것이겠구나 뒤늦게 깨달았다고나 할까. 성공에서 가장 중요한 건 바로 '목적하는 바'가 무엇인지 아는 거라는 사실, 우리 그 이야기를 함께 해 보자.

앞에서 소개한 〈무엇이 성공인가〉라는 시는 삼촌에게 "성공하기 위한 너만의 목적을 가지고 있니?"라는 질문을 던져 준 참 고마운 시야. 태어난 배경도, 살아온 환경도, 가지고 있는 적성, 재능, 그리고 가치관도 서로 다른 사람들은 인생에서 좋아하는 것도 같을 수 없을 거야. 성공이라는 것도 마찬가지지. 누구에게는 자주 웃고 많이 웃는 게 성공이고, 어떤 사람에게는 아름다움을 그림으로 표현하는 게 성공이고, 어떤 사람에게는 사회에 공헌하는 게 성공이지. 누가 옳다 그르다고 말할 수는 없어. 단지 그 사람이 실현하고자 하는 것과 가고자 하는 방향이 다를 뿐이야.

삼촌들의 이야기는 여기서부터 시작해. 우리가 잠시 잊고 있었던 혹은 지금까지 몰랐던 각자의 '좋아하는 바'를 이제라도 찾아보자는 것. 혹시 내가 좋아하는 것이 다른 사람이 대부분 좋아한다고 하니까 나도 모르게 휩쓸려서 스스로 좋아한다고 착각하고 있는 것은 아닌지 점검해 보고, 내가 정말 좋아하는 것은 무엇인지 알아보자는 거야. 진짜 성공은 가장 '나다운 인생'을 살아가는 것이니까. 그러려면 '나다운' 게 무엇인지 먼저 알아야겠지? 다시 말해 나는 어떤 걸 좋아하고 잘할 수 있는 사람인지를 제대로 알아야 한다는 이야기야.

자, 어때? 성공이 무엇인지 알려고 하다 보니 결국 내가 누구인지 하는 문제에 부딪히게 되었지? 어쩌면 이건 매우 낯선 결론일 수 있어. 하지만 그게 첫걸음이야. 성공의 기준은 사람마다 다 다르고, 그 다름을 추구하는 것이 바로 성공의 진정한 뜻이라는 말. 누구도 일반적인 성공을 다른 사람에게 강요할 수 없고, 다만 우리는 '가장 나다운 성공'이 무엇인지 알아야 한다는 것이지.

정말 중요한 건 바로 지금의 나를 인정하고, 그렇게 인정한 내가 진심으로 좋아하는 걸 찾아 나가는 거야. 삼촌은 지금부터 네가 가장 너다운 성공의 모습을 그려 보길 바라. 진짜 나를 찾는 여생을 시작해 보는 거야. 준비됐지?

지금,
꿈이 없어도 괜찮아

2장

Q 전 아직 제가 뭘 좋아하는지, 뭘 하고 싶은지 잘 모르겠어요. 주변 사람들이 꿈이나 장래희망을 물어볼 때마다 솔직히 말할 용기가 나질 않아요. 부모님은 제가 하고 싶은 일보다는 그저 돈을 잘 벌고 안정적인 직업을 가지길 바라세요. 그래서 장래희망을 적을 때마다 요즘 많이들 하고 싶어 하는 공무원을 써서 내곤 해요. 남들이 보면 저는 꿈이 있는 사람처럼 보이겠지만, 사실 전 꿈이 없어요.

나는 변호사다. 서울대 정치학과를 졸업하고 행정고시와 사법고시에 합격했다. 사법고시는 수석으로 합격했다. 그리고 검사와 소장, 교수라는 직업으로 수십 년을 살았다. 많은 이들이 말하는 '성공한 인생'처럼 보이지만 60년이 넘게 살아온 시점에서 나는 언론 인터뷰를 통해 내가 살아온 삶을 후회한다고 말했다.

돌아보면 나는 공부를 좋아하던 학생이 아니었다. 공부보단 글쓰기를 좋아하고, 말하기와 연설에 더 소질이 있었다. 슬픈 이야기를 들으면 곧잘 눈물을 흘렸을 만큼 감수성도 풍부했다. 방송반 활동도 열심히 하고 종교에도 관심이 많았던 학생이었다. 그런데 적성에 맞추지 않고 성적에 따라 진로를 결정하고 보니 검사라는 직업을 갖게 되었다. 내가 잘하고 좋아하는 일을 하지 않고 엉뚱한 일을 하게 된 것이다. 그러니 나는 스스로 성공했다고 할 수 없었다. 내가 삶을 통해 이루고 싶은 목적을 정확히 알지 못했기 때문이다.

검사로 일하면서 우연히 비행 청소년의 눈물을 봤다. 그 눈물이 나를 운명처럼 청소년운동의 길로 이끌었다. 먼 길을 돌아 드디어 진정한 '나의 길'을 찾았다. 지금은 스스로 '행복하다'고 느낀다. 진정으로 중요한 것은 신기루를 쫓지 않고 자신의 타고난 적성을 발견하여, 하고 싶은 일 중에서 잘할 수 있는 일을 찾고 진정 좋아하는 목적을 이루며 사는 것이다. 뒤늦게나마 적성의 중요성을 깨닫고, 하고 싶은 일, 잘할 수 있는 일, 이 두 가지가 맞아떨어진 적성을 사람들이 찾을 수 있도록 돕기 위해 '타고난 적성 찾기 국민실천본부'에서 활동을 시작했다.

적성을 찾다 보면 경제적인 문제가 걱정되는 부분이 많을 수 있다. 생활고를 겪어서 먹고살기가 힘들 수도 있다. 경제적 자립은 꿈도 꾸기 어려운 상황도 분명 있을 것이다. 하지만 중요한 것은 적성을 찾게 되면 경제적인 걱정을 덜 하게 된다는 점이다. 적성을 찾으면 심리적으로 행복해지고, 돈에 대한 기대치가 낮아진다. 더 나아가 적성을 찾아서 행복하게 일하게 되면 먹고살 길이 열릴 가능성도 굉장히 높아진다.

"혁과삼촌" "서울대 졸업, 사법고시 수석합격, 검사와 변호사." 흔히 말하는 성공한 사람의 이야기, 모두가 부러워할 만한 이야기 같지? 하지만 실제 이 삶의 주인공인 강지원 변호사라는 분은 본인의 삶을 후회한다고 했어. 왜냐하면 타고난 적성과 맞지 않는 삶을 살았기 때문에. 삼촌은 네가 이 이야기를 통해서 꿈에 대한 조급함, 꿈에 대한 강박관념을 조금이나마 내려놓을 수 있길 바라.

많은 선생님과 책들이 원대한 꿈을 가지라고 이야기해. 중요한 이야기지. 마치 젊어서 꿈을 갖지 못한 사람은 절대로 성공할 수 없다는 식이야. 그런데 강지원 변호사를 봐, 정말 그런지. 급하게 떠밀리듯 발견한 꿈이나 직업은 아주 오랜 시간이 흘러서 큰 후회로 남기 마련이라고 그분은 고백하지. 혹시나 지금 우리는 꿈이나 성공이라는 단어에 지나치게 함몰되어 있는 건 아닐까? 어떤 직업을 갖고 사는지보다 더 중요한 인생의 질문이 있지 않을까? 삼촌은 이 이야기를 네게 해 주고 싶어.

돌잔치에서 하는 돌잡이서부터 어른들은 '직업'을 이야기해. 유치원 때부터 지금까지 어른들이 꿈을 물으면 우린 직업을 대답해야 했어. 부모님이나 어른들이 만족할 만한 대답들을 말이야. 나는 정말 내 적성이 뭔지, 내가 무얼 좋아하는지, 앞으로 무슨 일을 하며 어떻게 살고 싶은지, 무엇을 이루고 싶은지 충분히 생각해 본 적도 없고, 그 누구도 그럴 기회조차 준 적이 없는데 말이지. 청소년은 꿈을 가져야 한다는 어른들의 암묵적인 압력이 우리로 하여금 충분히 고민하지 않고 꿈을 '정해 버리는' 실수를 하게 하는 건 아닐까?

청소년이 선호하는 직업을 조사한 결과를 보자.[*] 의사, 공무원, 교사, 연예인이 언제나 맨 앞에 자리하고 있어. 그런데 정말로 원해서 이 꿈을 희망하게 된 걸까? 이 꿈들이 정말 청소년들이 좋아하고, 그들의 가슴을

---

[*] 한국직업능력개발원이 발표한 〈2012 학교진로교육 지표조사〉 참조.

뛰게 하는 꿈일까? 여기서 재미있는 건 청소년들의 선호직업 순위와 학부모들의 선호직업 순위가 거의 똑같다는 사실이야. 부모님이 청소년의 꿈을 따르게 된 걸까, 아니면 반대로 청소년이 부모의 꿈을 대신 꾸고 있는 걸까?

꽃마다 피는 시기가 달라. 진달래처럼 봄에 피는 꽃이 있고, 봉숭아처럼 여름에 피는 꽃도 있고, 국화처럼 가을에 피는 꽃도 있어. 심지어 동백꽃처럼 겨울에 피는 꽃들도 있어. 다 꽃피는 자기만의 때가 있는 거야. 어떤 사람은 자기 꿈을 빨리 찾기도 하지만, 또 어떤 사람은 60이 넘은 뒤늦은 나이에 찾기도 하지. 기억할 건 꿈을 빨리 찾는다고 해서 꿈을 빨리 이루는 것이 아니라는 거야. 늦게 찾는다고 해서 늦게 이루는 것도 아니고. 중요한 건 꿈을 결정하는 시기가 아니라, 그 꿈이 정말 자기가 좋아하는, 내 적성에 맞는 꿈이냐 하는 것이지.

그러니 지금, 꿈이 없어도 괜찮아. 조금 늦더라도 정말 원하는 방향이 무엇인지 아는 것이 더 중요하니까. 네겐 더 넓은 세상을 경험하고, 더 많은 꿈을 탐색할 기회와 시간이 아직 많아. 오히려 부족한 경험과 좁은 시야로 아주 뚜렷한 꿈이나 희망 직업을 정하는 게, 너무 이르고 이상하고 억울한 선택일 수 있어. 이런 경우 부모님이나 주위 다른 사람들의 영향을 받은 꿈들이 많거든. 그게 나쁘다는 건 아니야. 다만 그 꿈을 붙들고 평생을 달렸는데 나이가 들어 그게 내가 정말 원한 게 아니었다는 걸 깨닫게 된다면 얼마나 허무할까 생각해 보자는 말이야.

그러니 지금 성급히 꿈을 정하려고 하지 말고, 네가 진짜 좋아하고 잘하는 게 무엇인지 스스로에게 물어보렴. 또 네 적성을 바탕으로 너는 어떤 목적을 이루는 인생을 살고 싶은지 깊이 고민해 봐. 네 꿈의 직업보다는 네 인생의 '방향성'에 대해 질문하라는 이야기야. 직업이라는 것은 내가 가야 할 목적지가 아니라 좋아하는 삶을 살기 위해 필요한 방법 중한 가지니까.

비록 늦은 나이였지만 많은 경험을 통해 자신이 좋아하는 것과 잘하는 것, 다시 말해 적성이 중요하다는 사실을 깨달은 강지원 변호사를 보며 지금 꿈이 없어도 괜찮다는 것, 그리고 지금 가지고 있는 꿈이 진짜나의 꿈이 아닐 수도 있다는 걸, 그리고 나의 적성과 방향성이 얼마나 중요한 것인지를 다시 생각해 보면 좋겠구나.

미래가 우리에게
속삭이는 것

3장

Q 저는 공부를 잘 못해요. 어쩔 수 없이 남들 따라 학원도 가고, 독서실도 가고 있는데 잘 못하니 마음은 불안하고, 앞으로 잘 살 수 있을지 걱정이에요. 그렇다고 누구한테 이런 고민을 꺼내기도 어려워요. 얼마 전에 부모님께 이런 고민을 살짝 내비쳤더니 쓸데없는 말 말고 공부나 열심히 하라고 하시더라고요. 휴~ 저는 어떻게 해야 하나요? 그냥 지금 하듯이 공부만 하면 되나요?

야생에서 자란 들소인 버펄로의 외모는 다른 동물들과는 조금 다르다. 눈이 사람처럼 앞에 달리지 않고 물고기처럼 머리 양옆에 달려 있는 것이다. 게다가 이들은 흥분하면 머리를 숙이고 달리기 때문에 앞으로 달려가면서도 앞을 본다기보다는 비스듬히 옆을 보고 달린다. 영화에서 자주 등장하는 버펄로들이 떼로 지어 들판을 달리는 모습은 그들의 눈이 옆으로 향해 있는 것과 관련이 깊다. 옆 동료들의 행동을 늘 지켜보고 있으니 무리의 이동에 민감한 것이다.

미국의 인디언들은 이런 특성을 이용해서 버펄로를 사냥한다. 인디언들은 무리를 지어 말을 타고 버펄로 떼를 빠르게 몰아간다. 버펄로들은 깜짝 놀라 한 방향으로 달리기 시작한다. 몇 십 마리의 버펄로가 앞으로 달려가고 그 뒤를 인디언들이 뒤쫓는 추격전이 벌어진다. 인디언이 버펄로를 몰고 가는 곳은 어디일까? 다름 아닌 '절벽'이다. 앞이 아닌 옆을 보며 달리다 보니 버펄로는 절벽이 앞에 있어도 잘 보지 못하는 것이다.

맨 앞에 달려가던 들소가 절벽 끝에 다다르면 뒤에 오는 동료들에게 정지하라고 울부짖기 시작한다. 그러나 이미 때는 늦었다. 제일 앞줄의 들소들은 정지할 틈도 없이 뒤에서 달려오는 들소들에게 밀려서 절벽 밑으로 떨어지게 된다. 그리고 바로 그 뒤에 따라오던 들소는 절벽을 보지 못해 제 발로 떨어지게 되는 것이다. 앞줄은 밀려서 떨어지고 그 뒷줄은 제 발로 떨어지는 한바탕 소동이 끝나면 인디언들은 절벽 아래에서 기다리고 있다가 떨어져 죽은 들소들을 가지고 돌아간다.

버펄로가 왜 절벽에서 추락할 수밖에 없었을까? 제일 큰 이유는 버펄로가 바라보는 방향 때문이야. 버펄로는 달릴 때 앞을 보지 않고 옆에 가는 친구들을 바라보았어. 친구가 방향을 틀면 따라서 방향을 틀었고, 부리나케 내달리면 똑같이 따라 뛰었지.

청소년 시기는 특히 친구들의 행동에 영향을 많이 받는 시기야. 친구가 노스페이스 점퍼를 입고 있으면 나도 그 점퍼를 입어야 안심이 되지. '왕따'에 가장 민감한 시기이기도 해. 삼촌이 중학교 다닐 때에는 커다란 '망치 가방'이 유행했었어. 양 끝이 동그란, 원통 모양의 커다란 가방 말이야. 지금 와서 보면 그렇게 촌스러운 가방을 그땐 뭐가 좋다고 다 하나씩 메고 다녔었는지! 아마 '왕따'에 민감한 시기가 청소년기이기 때문일 거야. 이렇게 청소년 시기는 옆을 보며 달려 나가는 버펄로처럼 친구들을 바라보며 앞으로 내달리는 시기이지.

그런데 한 가지 알아야 할 게 있어. 숫자가 많다는 게 꼭 안전하다는 증거는 아니라는 거야. 오히려 역사적으로 살펴보면 지금처럼 사회 전체가 변화하는 시기에는 여러 사람들이 몰려가는 곳이 풀이 무성한 낙원이 아닌 모서리가 날카로운 벼랑 끝인 경우가 많았어. 1630년대 네덜란드에선 사람들이 너도나도 튤립을 돈벌이의 수단으로 사고팔았어. 모두가 튤립을 사려다 보니 가격이 몇 배, 몇 십 배씩 뛰었지. 믿기 어렵겠지만 튤립 뿌리 한 개가 집 한 채 가격이 되기도 했어. 하지만 어느 날 갑자기 튤립 가격이 폭락해서 많은 사람이 피해를 입었지. 우리나라도 마찬가지야. 불닭이 유행하면 너도나도 불닭 가게를 열고, 찜닭이 유행하면 다들 찜닭 가게로 몰려가고, 공무원이라는 직업이 안정적이라면서 공무원 학원에 엄청난 사람들이 몰려드는 모습을 볼 수 있어. 의과대학은 예나 지금이나 인기 있는 학과지만 이젠 경제적으로 어려운 의사들도 많아졌다고 해. 예전에 비해 의사들이 너무 많아졌기 때문이지. 의사뿐 아니라 변호사도 같은 현상이 나타난다고 해. 무슨 일이든 많은 사람이 몰려가는 곳은 언젠가 바닥이 드러나게 마련이지. 직업의 안정성은 그것을 택한 사람이 소수일 경우에 보장받을 수 있는 거야.

앞으로 우리는 어떤 사람을 성공한 사람이라고 말하게 될까? 삼촌이 많은 책을 읽고 경험을 하면서 내린 결론인데, 미래에는 '자기 자신을 잘 아는 사람'이 더 행복하고 성공하는 삶을 살게 되어 있어. 왜냐고? 하나만 예를 들어 볼게. 인간의 수명은 점점 늘고 있어. 전문가들에 따르면 아마 네가 어른이 될 때에는 100살을 넘을 거래.* 그런데 회사는 보통 50살 정도가 되면 퇴직을 하게 되지. 그럼 나머지 50년을 무슨 일을 하면서 살아야 할까? 퇴직하면 완전히 새로운 일을 해야 할 텐데 말이야.

수완이 좋아서 자기 사업을 할 수 있다면 좋겠지. 자기가 하고 싶은 일도 하면서 돈도 잘 벌 수 있는 사업 말이야. 그런데 오랫동안 직장인이었던 사람이 갑자기 자기 사업을 하면 잘할 수 있을까? 돈만 있다고 사업을 잘할 수 있는 게 아니야. 보통 회사에서 일하다 나오면 회사와 관련된 일이나 부분적인 일만 잘하지, 하나부터 열까지 모든 일을 파악하고 책임져야 하는 자기 사업을 잘하기란 쉽지 않지. 회사에서 하는 일과 개인 사업은 완전히 다르거든. 게다가 50살에 새로 시작해야 하니 더욱 어렵겠지. 다시 말해 네가 회사에 들어가서 50살까지 열심히 일을 하고 퇴직을 한다면 나머지 50년을 무엇을 하며 살아야 할지 깜깜하다는 거야.

그럼 어떤 사람들이 나이가 들어서도 행복하게 일하며 성공하게 될까? 삼촌은 돈을 떠나 자기가 좋아하고 잘하는 일을 꾸준히 하는 사람, 평생 일관된 일을 하면서 그 일과 함께 울고 웃는 사람이라고 생각해. 잘 살펴보면 그런 사람들이 뒤늦게 자신이 좋아하는 목적을 이루는 경우가 많아. 영화배우 모건 프리먼은 30년간 무명생활을 했고, KFC를 창업한 커넬 할랜드 샌더슨은 65살이 되어서야 KFC를 시작할 수 있었어. 이런

---

* 한국직업능력개발원이 발표한 〈2012 학교진로교육 지표조사〉 참조.

사람들은 자기 일을 좋아하기도 하고 그에 맞는 재능을 갈고닦아서 오랫동안 그 일을 묵묵히 한 사람들이야. 평생 하려면 그 일을 당연히 좋아하고 잘해야 하지 않겠어?

앞으로는 꾸준히 자기 일을 묵묵히 즐기면서 하는 사람들이 자신의 목적을 이루게 될 거야. 남들이 다 안 된다고 이야기할 때 그냥 그 일이 좋아서 꾸준히 하다가 보니 어느 순간 성공하게 되었다는 사람들처럼 말이야. 이렇게 되려면 어떻게 해야 할까? 답은 의외로 간단해. 우선은 자기가 무엇을 좋아하고 잘하는지 알아야 한다는 거야. 의외로 사람들은 자기 자신을 잘 모르거든.

미래는 우리에게 속삭이고 있어. '무엇을 좋아하고 잘하는지 아는 것이 성공의 필수조건인 세상이 왔다'고 말이야. 앞으로는 친구들이 무엇을 하는지 눈치를 살피는 사람보다는 자기가 좋아하고 잘하는 일을 꾸준히 하는 사람이 더 행복한 삶을 살게 될 거야. '유망 직업'이라는 말은 퇴색하고, '내게 잘 맞는 직업'이라는 말이 더 많이 쓰일 거야.

그러니 우리, '넘버 원(No.1)'이 되려고 발버둥치기보다 가장 나다운 나, 유일한 나인 '온리 원(Only 1)'이 되기 위해 노력해 보지 않을래?

한 우물을 파기 전에 '시추' 부터

4장

Q 저는 딱히 못하는 것 없이 골고루 잘하는 편이에요. 그런데 정말 잘하는 게 뭔지는 정확히 모르겠어요. 학교 수업도 그런대로 평균은 하고, 운동이나 노래도 곧잘 해요. 그래서인지 잘하는 것도, 못하는 것도 없이 학교와 학원 다니면서 공부하고 있는데 괜찮은 걸까요? 무언가 남들보단 잘하는 게 있어야 할 텐데 걱정돼요. 어떻게 해야 할까요?

여우는 영리한 동물이다. 배고픈 여우는 고슴도치를 잡아먹기 위해 매일 궁리한다. 어떤 날은 고슴도치가 잘 다니는 길목의 풀숲에 숨어서 고슴도치를 기다리기도 하고, 또 어떤 날은 서 있는 나무 위에 올라가서 고슴도치를 덮치기도 한다. 깊은 함정을 파고 나뭇가지로 그 위를 덮는가 하면, 어떤 날은 죽은 척하고 길에 쓰러져 있기도 한다.

영리한 여우와는 반대로 고슴도치는 우둔한 동물이다. 이것저것 머리를 굴리지 않고 무슨 일이든 꾸준하게 하는 동물이기도 하다. 교활한 여우와 멍청한 고슴도치, 이 둘의 싸움에서 언제나 승리하는 것은 고슴도치다. 여우는 고슴도치를 잡아먹기 위해 늘 여러 가지 묘안을 짜는 데 반해 고슴도치의 전략은 단 하나, 가시를 말아 몸을 동그랗게 움츠리는 것이 전부인데 말이다. 고슴도치는 자기가 가장 잘할 수 있는 방법으로 여우를 물리친다. 여우는 많은 것을 알지만 고슴도치는 가장 중요한 한 가지를 알고 있다.

"끙끙삼촌" 너는 여우 같니 아니면 고슴도치 같니? 삼촌은 이 이야기를 보며 〈K-POP 스타〉라는 프로그램의 심사위원으로 참가했던 양현석 씨가 떠올랐어. 양현석 씨는 수많은 인기 아이돌 그룹을 탄생시킨 YG 엔터테인먼트의 대표지. 그런데 그의 생활 패턴이나 소속 가수들을 훈련시키는 모습을 보면 요즘 아이돌 가수들에게 요구하는 다방면의 재능을 다 따라잡으려는 태도가 없는 게 사뭇 놀라울 정도야. 어떤 엔터테인먼트는 소속 가수들에게 음악 공부 이외에도 외국어 공부, 재테크 공부, 리더십 책 읽기, 심지어는 성교육까지 하는 걸 보면, 한 가지 재능만을 중요시하는 그의 초지일관한 자세는 흥미롭기까지 해. 그는 SBS 프로그램 〈힐링 캠프〉에서 이렇게 말했어.

"저는 다 잘하지 못해도 자기가 좋아하는 음악을 정말 잘하면 그걸로 충분하다고 생각해요."

이때 양현석 씨는 앞에 놓여 있는 쿠키 하나를 집어 들었지.

"이 쿠키처럼 동그랗긴 하지만 독특하지 않다면 훌륭한 아티스트가 절대 될 수 없다고 생각해요."

그리고 이내 쿠키의 한쪽 부분을 잘라 내었어. 그리고 그 잘라 낸 조각을 다른 동그란 면에 갖다 대면서 이렇게 말했지.

"어떤 사람들은 겉모습만 보고 판단하는 것 같아요. 잘려 나간 곳이 단점이라면, 잘려 나가 없는 부분만큼 반드시 장점이 튀어나와 있어요. 대부분 이 장점을 발견하기 전에 단점을 지적하죠. 다른 사람들이 단점을 채운다면, 저는 반대로 움푹 파인 부분을 두들겨 반대쪽으로 더 튀어 나오게 만들어요."

삼촌은 양현석 씨의 이야기에 공감해. 세상에 완벽한 사람은 없어. 누구나 부족한 부분이 있지. 대부분은 그 부족한 부분을 채우려고 애를 써. 그런데 부족한 부분을 채우고 나면 어떻게 될까? 동그랗게 생긴 평범한 쿠키 하나일 뿐이야. 뚜렷한 개성이 없는, 그래서 다른 쿠키들과 별다를 것 하나 없는 동그란 쿠키. 만약 움푹 들어간 곳은 다듬기만 하고, 반대편 비쭉 튀어나온 부분을 더 도드라지게 만든다면 어떻게 될까? 다른 쿠키들과는 구별되는 예쁜 하트 모양의 쿠키가 탄생하게 되겠지.

같은 노력을 한다면 채우는 것보다는 장점을 부각하는 게 더 좋은 방법이야. 그렇다면 세상에서 나만이 할 수 있는 것을 찾는 것, 내가 어떻게 쓰이려고 태어났는지를 아는 것이 결국 우리가 해야 할 일이 아닐까? 그러기 위해서는 자기가 어떤 사람인지 알아야 해.

자기를 안다는 것은 무엇일까? 삼촌은 두 가지 질문에 대답하는 것이라고 생각해. 하나는 '내가 정말 좋아하는 것'이 무엇인지 묻는 것이고, 또 하나는 '내가 잘하는 것'이 무엇인지 질문하는 거야. '좋아하고 잘하는 것', 어려운 이야기는 아니지? 이 두 가지 질문에 구체적으로 대답할 수 있다면 자기를 잘 안다고 말할 수 있어. 넌 어떠니? 고슴도치처럼 네가 제일 잘하는 건 뭔지 알고 있니? 네가 좋아하는 건 어때?

많은 사람들이 자기가 뭘 좋아하고 잘하는지 제법 잘 알고 있다고 생각해. 그런데 정말 그럴까? 흰 종이 한 장을 가로로 길게 놓고 가운데를 접어 봐. 그리고 아래의 표처럼 선을 긋는 거야. 왼쪽에는 내가 좋아하는 것을 쓰고, 오른쪽에는 내가 싫어하는 것을 생각나는 대로 적어 보렴. 어느 칸이 더 많이 나올 것 같니?

내가 좋아하는 것	내가 싫어하는 것

비슷하게, 종이 아래쪽의 왼쪽에는 내가 잘하는 것들의 목록을 적고, 오른쪽에는 내가 잘 못하는 것들을 적어 보자.

내가 잘하는 것	내가 잘 못하는 것

이번엔 어느 칸이 많이 나올까? 아마 두 번 다 오른쪽 칸에 훨씬 많이 적게 될 거야. 삼촌도 그랬으니까. 잘 보렴. 우리는 보통 자기가 잘하는 걸 안다고 생각하지만, 실제로 우리가 잘 알고 있는 것은 기껏해야 '잘 못하는 것'이야. 강점은 잘 모르고 약점만 잘 아는 거지. 다시 말해 우리는 자기 자신을 잘 알지 못하고 있어. 이게 생각보다 참 어려운 거야.

어른들은 '한 우물만 파라.'는 이야기를 자주 하지. 맞는 말이야. 너희가 나중에 직업에서 성공하려면 한 분야를 적어도 10년은 꾸준히 공부해야 해. 성공하기 위해선 한 분야에서 '1만 시간'의 노력을 기울여야 한다는 이야기도 있는 것처럼 말이야. 그런데 잘 생각해 봐. 아무 땅이나 삽을 대고 계속해서 파기만 한다고 맑은 물이 콸콸 나올까? 그건 아닐거야. 아무리 파도 흙탕물만 나오거나 큰 돌 때문에 더는 팔 수 없는 곳이 훨씬 많겠지. 아무 곳이나 막 파면 안 된다는 이야기야.

그렇다면 우물을 깊이 파기 전에 제일 먼저 해야 하는 일이 뭘까? 이곳저곳을 가볍게 파 보는 거지. 조금만 팠는데도 물이 잘 나오는 곳이라면 우물을 파기 좋은 땅일 거야. 제법 깊이 팠는데도 돌들만 계속 나온다면 다른 곳으로 옮겨야 할 테고. 이렇게 깊이 파기 전에 이곳저곳을 얕게 파 보는 걸 '시추'라고 불러. 물이 나올 가능성이 있는 곳들을 미리 파 보는 거지. 시추를 해 본 다음 물이 잘 나오는 곳이 보이면 그때부터 그곳을 집중해서 파는 거야.

자기를 알아 가는 과정도 마찬가지야. 먼저 자기를 가지고 이것저것 실험을 해 봐야 해. 내가 좋아하고 잘하는 것이 무엇인지 알려면 이것도 해 보고 저것도 해 보면서 자기를 관찰해야 한다는 이야기야. '나는 뭘 좋아하고 또 뭘 잘할까?'라는 질문을 스스로에게 하면서 이것저것 시도 해 보는 거지. 이때는 실패하길 두려워해서는 안 돼. 시도 자체가 중요한 거야. 배우고 싶은 게 있으면 뛰어들어 보는 거야. 꽤 오랫동안 했는데도 재미가 없거나 실력이 늘지 않는다면 다른 걸 배워 보는 거야. 실패한다 해도 걱정할 건 없어. 적어도 내가 잘할 수 없는 한 가지를 배웠으니까, 그걸 힌트 삼아 다른 걸 시도해 보면 되니까 말이야.

그거 아니? 실패해도 큰 위험 부담 없이 시도해 볼 수 있는 가장 좋은 시기가 청소년기야. 어른이 되면 사회에서는 실수를 용납하지 않거든. 그러니까 지금은 깊이 파기보다는 이곳저곳을 파는 '시추'를 해야 할 때 라는 말씀! 왜? 내가 제일 잘하고 또 제일 좋아하는 한 가지, 고슴도치처 럼 집중할 한 가지를 찾기 위해서. 이제부터 삼촌과 함께 나를 찾는 '시 추'를 시작할 거야. 아주 재미있는 경험이 될 거야.

How 1

2부

꿈, 어떻게 찾을까

꿈을 물으면
왜 직업을 대답하니?

1장

Q 얼마 전 학교에서 진로수업 시간에 '내 꿈 발표하기' 수업을 했는데요, 발표를 들으면서 문득 이상한 생각이 들었어요. 친구들이 다 직업을 이야기하는 거예요. 그렇게 꼭 집어 직업을 대답하는 아이들의 말을 듣고 나서 전 제 꿈을 발표할 수 없었어요. 사실 전 그렇게 분명히 정해 놓은 꿈은 없거든요. 전 그냥 세계 일주를 하면서 자유롭게 살고 싶은 바람이 있어요. 이게 꿈이라고 말하면 왠지 창피할 것 같아서 말을 못 했죠. 꿈은 꼭 직업이어야 하나요? 제 꿈은 정말 꿈이 아닐까요?

미국의 한 소년이 부모님과 함께 〈와일드 웨스트 쇼〉라는 연극을 보러 극장에 갔다. 서부시대의 인디언 정벌을 다룬 내용인데, 당연히 친구들은 말을 타고 달리는 미국의 기병대장 편이었다. 그런데 웬일인지 소년은 인디언들에게 마음이 끌렸다. 악당으로 묘사된 인디언이었지만 그들이 무차별적으로 살해당하는 모습이 불쌍했던 것이다. 소년은 미국의 기병대장에 당당히 맞서는 인디언들의 기상에 완전히 매료되었다. 그날부터 소년은 틈나는 대로 뉴욕의 박물관과 도서관을 다니며 인디언에 대한 책을 읽기 시작했다.

어느 날 소년은 이상한 사실을 발견한다. 미국의 인디언 신화가 영국의 〈아서 왕 전설〉 이야기와 놀라우리만큼 비슷했던 것이었다. 콜럼버스가 미국을 발견하기 전까지 인디언과 영국 사람들은 교류가 전혀 없었다는 점에서 두 신화가 비슷하다는 것은 놀라운 일이었다. 소년은 이 사실에 흥분했고 여러 나라의 신화들을 두루 읽기 시작했다.

소년은 성장하여 청년이 되었지만 미국의 경제 상황이 좋지 않아 취직을 할 수 없었다. 그래서 그는 숲 속에 있는 작은 집을 빌려 겨울잠을 자는 곰처럼 집에 틀어박혀 자기가 좋아하는 책을 읽으면서 시간을 보냈다. 청년의 신화 읽기는 무려 5년간이나 지속되었다.

그는 곧 세계 여러 나라의 신화를 연구하는 데 평생을 바쳤고, 각 나라의 신화를 관찰하며 그것들을 하나로 묶는 공통의 원리를 발견했다. 그 결과로 그는 세계에서 가장 권위 있는 신화학자가 되었다. 신화학자 조지프 캠벨(Joseph Campbell)의 이야기다. 그의 이론은 많은 사람들에게 영감을 주었고 영화 〈스타워즈〉, 〈매트릭스〉, 〈센과 치히로의 행방불명〉 등의 작품들이 그 이론의 영향을 받아 만들어졌다. 캠벨은 신화를 연구하다가 자신의 신화를 창조한 현대의 영웅 중 한 명이 됐다.

"형과 삼촌" 삼촌이 만났던 많은 청소년에게 꿈을 물었더니 대부분 자기의 꿈을 직업으로 대답하더구나. 의사, 변호사, 요리사, 공무원, 엔지니어…, 이런 직업들로 말이야. 삼촌이 생각할 때 꿈이라는 것은 직업보다 훨씬 더 큰 개념인데 말이야. 게다가 왜 그 직업이 꿈인지 다시 물으면 '왠지' 재미있을 것 같아서, 좋아 보여서라고 대답하는 친구들이 대부분이야. '정말 좋아서'가 아니라 '좋아 보여서'라는 거야. 직업의 본질보단 겉모습만을 보고 자기의 꿈이라는 중요한 것을 덜컥 정하고 마는 거야. 내가 정말로 좋아하는 것인지, 내가 정말 잘할 수 있는 일인지, 나 자신과 내가 꿈꾸는 직업에 대한 충분한 고민과 정확한 이해가 없는 상태에서 정한 꿈을 진짜 내 꿈이라고 할 수 있을까?

더 놀라운 사실을 알려 줄까? 한 통계에 따르면 청소년의 진로 선택에 가장 큰 영향을 끼치는 요인이 부모님(46.6%)이었고, 그다음으로는 TV드라마(10.1%), 친구(8.6%), 유명인(5.1%)으로 이어졌어.* 그래서인지 부모님이 좋아하는 직업인 공무원, 교사, 의사 같은 직업들이 청소년이 답하는 희망 직업과 일치하는 게 대부분이란다. 삼촌이 강의와 상담을 통해 만난 많은 청소년들은 안타깝게도 세상에 존재하는 수많은 직업을 제대로 알지도 못한 채 좁은 경험과 시야로 자신의 꿈을 미리 직업으로 한정해 버리더구나. 게다가 부모님이나 주변 사람들의 꿈을 마치 자신의 꿈처럼 생각하는 경우도 적지 않았고. 그러고는 꿈에 대한 질문을 미래의 희망 직업과 같은 '명사'들로 대답하는 거야. 의사, 변호사, 과학자, 화가 등등.

그런데 잘 생각해 보렴. 이렇게 명사로 구체적인 직업을 정하기 전에 우리의 꿈은 '동사'였어. "따뜻한 느낌을 주는 그림을 그리는 게 좋아요." "사람들을 돕는 로봇을 만들고 싶어요." "힘이 나게 도와주는 글을 쓰는

* 한국직업능력개발원이 발표한 〈2012 학교진로교육 지표조사〉 참조.

게 좋아요." 이렇게 말이야. 그런데 어느 순간부터 우리 꿈은 그림을 좋아하니 화가가 되어야 하고, 로봇을 만들고 싶으니 과학자가 되어야 하고, 글 쓰는 게 좋으니 작가가 되어야 했지. 그냥 순수하게 좋아하는 걸 하면 안 되는 걸까?

물론 '꿈=직업'이라고 생각하는 게 나쁘다는 건 아니야. 자기가 좋아하는 걸 직업으로 삼아서 매일 즐겁게 하면 그것만큼 좋은 건 없지. 다만 삼촌이 걱정하는 건 어렸을 때부터 한정된 직업만을 너무 많이 생각하다 보면 그 직업을 벗어나서 생각하기 어렵게 된다는 거야. 그 직업의 테두리 안에 갇혀서 정말 중요한 걸 놓치게 될 수도 있다는 거지. 만약 조지프 캠벨이 신화학자라는 직업만을 생각하고 공부했다면 어땠을까? 어쩌면 그 직업에 필요한 학위와 자격증을 따는 데만 집중했을지도 모르지. 만약 그랬다면 일을 하는 즐거움보다는 책임감이 더 따랐을 테고. 조지프 캠벨은 처음부터 신화학자라는 직업을 염두에 두고 공부를 한 게 아니야. 다만 신화가 너무 재미있어서 푹 빠져서 읽다 보니까 자연스럽게 그런 직업을 갖게 된 것이지. 무슨 말인지 알겠니?

정말 무언가를 좋아해서 매일매일 몰입해서 하다 보니 자연스레 직업이 되는 것과, 직업을 정해서 그 일을 좋아하려고 '노력'하는 건 정말 다른 문제야. 하고 싶은 일을 실컷 하다 보니 그 일을 잘하게 되고, 그 일로 돈벌이도 되고, 그래서 그걸 직업으로 삼게 되는 게 자연스러운 방향이라는 거지. 그러니 무슨 직업을 가질지 생각하기 전에 먼저 정말 내가 무엇을 좋아하는지 스스로에게 물어봐야 해. 이미 많은 사람이 '하고 싶어서'가 아니라 '해야 하니까' 그 직업을 선택하곤 하니까.

이제부터라도 '꿈=직업'의 공식을 깨고, 진짜 내가 실현하고 싶은 삶의 목적은 무엇인지, 남이 아닌 내 자신에게 물어보는 것은 어떨까? '행복이란 내가 좋아하는 것과 세상이 좋아하는 것의 교차점에 있다'는 말이 있어. 삼촌은 이 말처럼 네가 좋아하고 잘하는 것을 찾아서 세상에서 인정받을 수 있도록 노력할 용기를 가지길 응원해. 그리고 네가 좋아하고 잘하는 것과 세상이 좋아하는 것의 교차점이 지금 이 세상에 존재하는 직업이 아닐 수도, 없다면 만들어 낼 수도 있다는 사실을 기억하길 바랄게.

꿈이 만들어 내는 기적

2장

Q 매일같이 학교 가랴, 학원 가랴, 과외 하랴 공부만 잘하기도 힘들고 바쁜데 요즘엔 진로라는 수업이 생기더니 꿈까지 꾸라고 하네요. 여기저기서 꿈이 중요하다고 이야기하지만, 당장 성적에 치이는 제겐 와 닿지도 않고 솔직히 잠이라도 푹 자 보는 게 꿈이에요. 학생으로서 주변에서 바라는 대로 열심히 공부해서 좋은 대학 가면 되는 거 아닌가요?

플 로렌스 채드윅(Florence Chadwick)이라는 미국의 수영선수가 있다. 그녀는 34살의 나이에 영국과 프랑스 사이의 바다를 16시간 동안 헤엄쳐서 건넌 최초의 여성이다.

37살이 되던 해에 그녀는 또 다른 도전을 하게 된다. 미국 캘리포니아의 카탈리나 섬에서 미국 본토까지 34킬로미터를 헤엄쳐서 건너는 것이었다. 7월이었지만 바닷물은 매우 차가웠다. 출발 후 15시간이 지나자 그녀의 몸은 찬 바닷물로 거의 얼었다. 게다가 짙은 안개로 건너편 땅을 볼 수 없었고, 안내선도 잘 보이지 않았다. 심지어 상어들은 주위에서 맴돌았다.

1킬로미터를 남겨 놓고 그녀는 무척 지쳐 보였다. 수백만 명의 사람들은 TV를 보면서 그녀를 응원했다. 배 위에서는 어머니와 트레이너가 곧 육지에 도착하니 포기하지 말라고 외쳤다. 그러나 그녀는 얼마 지나지 않아 손을 들어 자신을 구조해 달라고 요청했다. 그녀는 결국 포기하고 말았다. 결승선을 겨우 800미터 남겨 두고 일어난 일이었다.

그녀는 왜 포기했을까? 결승선을 바로 앞에 두고 말이다. 방송 리포터가 이유를 물었다. 그녀가 덤덤하게 대답했다.

"만약 땅만 보였어도 저는 해낼 수 있었을 거예요. 앞이 보이지 않으니 너무 무서웠어요."

그녀가 포기한 이유는 피로나 추위, 상어 떼가 아니라 '안개' 때문이었다.

너는 어른이 되면 어떤 모습이 되어 있길 바라니? 분명한 모습을 그리고 있니? 그리고 더 중요한 질문, 그 장면을 떠올리면 네 가슴이 두근두근 뛰니?

만약 아직 그런 장면을 갖지 못했다고 해도 너무 걱정할 일은 아니야. 아직 경험의 폭이 작아서 내가 언제 가슴이 뛰는지 잘 모를 수 있으니까. 그런데 만약 시간이 흘러서 네가 직업을 선택해야 하는 시점에서도 지금 이 질문에 대답할 수 없다면, 그건 정말 안타까운 일이야. 채드윅이 그랬듯, 앞이 잘 보이지 않으면 결국 포기하게 될 테니까 말이야.

꿈은 우리가 보지 못하는 곳, 안개 너머에 있는 곳을 상상하는 능력이야. 어둠 속에 잠긴 미래의 손을 잡고 환한 낮으로 자신을 데려오는 것이지. 꿈이 있으면 무섭지 않아. 꿈이 있는 사람들은 고난과 역경을 겪더라도 극복할 수 있는 힘을 지니고 있거든. 인생에서 무엇이 중요하고 덜 중요한지도 자연스레 알게 되지. 우리가 꿈을 꿀 수 있다는 건 놀랍고도 위대한 능력이야.

중요한 건 이 질문이야. '나는 언제 가슴이 뛰지?' 이 질문을 스스로에게 자주 던져야 해. 그리고 아주 솔직하게 대답해야 하지. 부모님이나 선생님, 혹은 사회가 좋아하는 모습 말고, 네가 진짜로 좋아하는 게 무엇인지 솔직하게 답해 봐. 하고 싶은 것들을 가슴에 품고 하나하나 상상하면서 그려 보는 거야. 그중 어떤 것을 할 때 나는 가장 가슴이 뛰는지 말이야.

삼촌은 모든 것은 두 번 만들어진다고 믿어. 먼저 마음속에서 만들어지고, 다음으로 현실 속에서 구현되지. 내가 상상할 수 없는 것은 결코 내가 만들 수 없어. "오랫동안 꿈을 그리는 사람은 마침내 그 꿈을 닮아간다."는 앙드레 말로의 말처럼 그리지 못하는 꿈은 이룰 수도 없는 거야. 그러니 내가 정말로 좋아하는 것을 구체적으로 생각해 두어야 해.

플로렌스 채드윅은 두 달 후에 다시 도전하지. 그사이 그녀는 수영 연습보다 '이미지 트레이닝'이라 부르는 상상 훈련을 더 열심히 했다고 해. 그녀는 바다에서 보이는 해변의 모습을 상상했어. 숨을 급하게 내뱉으며 점점 그 해변에 다가가는 것을 느꼈지. 그곳에 도착했을 때의 사람들의 환호성과 어머니의 따뜻한 포옹을 떠올렸어. 매일 구체적으로 도착지에서의 모습을 상상하니 가슴이 뛰었겠지. 그건 마치 영화의 한 장면 같았다고 해. 두 달 후 그녀가 도전한 날에도 역시 짙은 안개로 반대편의 육지가 보이지 않았어. 그녀는 마음속에서 '땅이 저 건너편에 있다.'는 믿음을 잃지 않았지. 늘 그것을 떠올리며 훈련을 해 왔으니까. 채드윅은 결국 13시간 47분 만에 그곳을 건넜어. 당시의 어느 남자 수영선수가 가진 기록을 두 시간이나 단축한 기록이었어.

'가짜 꿈'을 구별하는 방법
―
3장

Q 제 꿈은 의사예요. TV 드라마 같은 데서 죽어 가는 사람들을 살려 내는 의사가 너무 멋있어 보이더라고요. 저도 그렇게 되기 위해, 열심히 공부하고 있어요. 그런데 가끔씩은 의사가 되면 내가 행복할까 하는 생각을 해요. 얼마 전 과학 시간에 개구리를 해부한 적이 있는데, 정말 끔찍했거든요. 이게 정말 제가 좋아하는 꿈일까요?

한 왕이 신하들을 이끌고 지방을 돌아보고 있었다. 한 도시에 도착하자마자 왕은 과녁 하나를 보게 되었다. 화살 하나가 과녁의 정중앙에 꽂혀 있었다. 왕이 도시를 방문하는 동안 좀 더 먼 쪽에서도 중앙에 화살이 꽂힌 과녁 하나를 발견했다.

계속 그런 식이었다. 다섯 번째 과녁까지 발견한 왕은 그 위대한 궁수를 데려오라고 명령했다. 그러자 도지사가 말했다.

"아닙니다. 그럴 필요가 없습니다. 그는 바보입니다."

"바보라고? 하지만 바보가 어떻게 저렇게 화살을 잘 쏠 수가 있지?"

"간단합니다. 그는 먼저 화살을 쏘고 나서 그 주변에다가 과녁을 그리거든요."

우스운 이야기지? 그런데 세상엔 정말로 저런 엉터리들이 꽤 많아. 좋아하는 것을 얻는다면서 화살을 쏘고 나서 그 주변에 과녁을 그리는 바보 같은 짓을 하는 사람들 말이야. '가짜 꿈'인 줄도 모르고 열심히 과녁을 그려 넣는 사람들. 가짜 꿈이 뭐냐고? 자기는 좋아한다고 믿었는데 시간이 지나고 보면 진짜로 원한 게 아니었던 꿈을 말하는 거야. 생각보다 많은 사람이 이런 가짜 꿈을 꾼단다. 예를 들어 볼게.

삼촌 집에는 여러 사진들이 붙어 있는 커다란 코르크판이 있어. 삼촌이 28살에 꿈에 대한 책을 읽고 따라 해 본 '보물 지도'야. 앞으로 10년 동안 삼촌이 꼭 보고 싶은 10개의 장면들을 제목과 함께 붙여 둔 거지.

이 중에는 바닷가 앞에 집을 사는 것도 있고, 메르세데스벤츠 자동차를 사는 것도 있어. 책을 쓰는 장면도 있고, 많은 사람들 앞에서 강의를 하는 장면도 있지.

재미있는 건 처음엔 내가 정말 좋아한다고 해서 사진으로 붙여 놓았는데 시간이 지나면서 점점 시들해지거나 싫어지는 장면들이 생긴다는 거야. 예를 들어 처음엔 벤츠 자동차를 사서 운전하는 장면이 너무너무 멋있어 보였어. 그런 멋진 차를 가지게 된다면 얼마나 좋겠어? 그때는 정말 간절해서 붙여 놓았는데 이상하게 매일 그 사진을 보다 보니까 점점 시들해지는 거야. 나중에는 '이게 정말 내가 좋아하는 걸까?' 하는 생각까지 들 정도였어.

혼잣말로 매일 '난 이걸 원해!'라고 여러 번 되뇌어 보았지만 소용없는 일이었어. 그 사진들을 볼 때마다 그것들이 나를 의심스럽게 바라보고 있다는 느낌에 마음이 점점 불편해졌지. 그래서 이듬해 어느 날 그 장면을 떼어 버리고 새로운 장면의 사진을 빈 곳에 붙여 넣었지. 삼촌은 이렇게 매년 새해가 되면 10개의 사진들 중에서 의심스러운 몇 개의 장면을 빼고 그만큼을 새로운 사진으로 채워 넣고 있어. 이렇게 한 지 8년이 지났지. 맞춰 볼래? 처음에 붙였던 장면 중에 몇 개가 8년 내내 붙어 있었을 것 같아?

딱 4개의 사진뿐이었어. 8년 전에 처음 했을 때는 고민을 많이 하고 붙였는데 8년이 지나니까 4개의 장면만 그대로고 6개는 계속해서 바뀌는 거야. 그러니까 그 6개의 사진들은 내가 진정으로 좋아하는 장면이 아니었던 거지. 매번 바뀌는 6개의 사진들, 이런 게 바로 가짜 꿈이야. 내가 좋아한다고 믿었지만 시간이 지나면 진짜 좋아하는 게 아니라는 걸 확인하게 되는 꿈 말이야.

진짜 꿈과 가짜 꿈을 구분하는 데는 시간이 필요해. 지혜도 필요하지. 어떻게 찾을 수 있느냐고? 이렇게 해 보자. 먼저 꿈 50개를 적어 보는 거야. 할 수 있겠니? 내 가슴을 뛰게 하는 걸 모조리 적어 보는 거야. 돈이나 시간에서 한계를 두지 말고, 이렇게 물어보는 거야. '내가 만약 엄청난 부자이고 아주 오랫동안 건강하게 살 거라면 난 무엇을 할까?' 이렇게 생각하고 적는 거지. "게임하면서 놀 건데요."라는 대답이 들리는 듯하구나. 그런데 게임도, 노는 것도 하루이틀이지, 평생을 하면 재미있을까? 매일 하루하루 나를 살아 있게 하는, 가슴이 뛰는 것을 적어 보는 거야. 알겠지? 자, 이제 아래 질문에 답을 써 내려가 볼까?

• 내가 하고 싶고 이루고 싶은 일은 무엇인가?
• 내가 가지고 싶은 것은 무엇인가?
• 왠지 꼭 한 번 가 보고 싶고, 끌리는 장소는 어디인가?
• 내가 닮고 싶은, 존경하는 사람은 누구인가?

이 목록을 쓸 때 중요한 건 아주 구체적으로 적어야 한다는 거야. 예를 들어 '친구들과 함께 이야기할 때'라고 쓴다면 나만의 개성이 드러나지 않아. 물론 이렇게 써서는 50개를 다 채울 수도 없지. 대신에 '친구 광영이와 영화를 보고 나서 그 영화에 대해 침 튀기며 이야기할 때'라고 적는 거야. 이렇게 구체적으로 적어야지 50개를 채울 수 있을 거야.

'해야 한다'는 의무감에서 벗어나는 것도 중요해. 부모님이나 선생님께 '착하다, 좋다'라고 인정받는 행동에서 벗어나서 생각해야 한다는 이야기야. 사회적으로 '착한' 것에서 벗어나서 조금 이기적인 것이라도 내가 정말 좋아하는 것이라면 적도록 해. 머리로만 생각하지 말고 반드시 종이에 기록해야 해. 연필과 종이를 아끼면 머리에 남는 것이 없거든. 50개를 채울 수 있겠니? 한번 해 볼까?

하고 싶은 것	가지고 싶은 것
1.	1.
2.	2.
3.	3.
4.	4.
5.	5.
6.	6.
7.	7.
8.	8.
9.	9.
10.	10.
11.	11.
12.	12.
13.	13.

가 보고 싶은 곳	닮고 싶은 사람
1.	1.
2.	2.
3.	3.
4.	4.
5.	5.
6.	6.
7.	7.
8.	8.
9.	9.
10.	10.
11.	11.
12.	12.
13.	13.

(이 표에서 30개를 채우기 전까지는 다음 페이지로 넘어가지 말 것)

힘들었지? 한 번에 다 못 적었다 해도 괜찮아. 생각날 때마다 메모해 두고 틈틈이 칸을 채워 봐. 그래도 30개 이상은 썼지? 이제 이 여러 개를 가지고 체에 쳐서 걸러 낼 거야. 왜냐하면 네가 적은 이 리스트 중에는 진짜 꿈도 있지만 가짜 꿈들도 많거든. 이 가짜 꿈들을 걸러 내는 세 가지 질문을 다음 페이지부터 차근차근 알려 줄게. 잘 들어 보렴.

가짜 꿈 ①
흉내 내는 꿈

4장

Q SBS에서 하는 〈힐링 캠프〉에 나오는 사람들은 대부분 성공한 사람들이잖아요. 그 사람들의 이야기를 듣다 보면 감동도 받고, 나도 저 사람처럼 되고 싶다는 생각이 들어요. 그들의 성공 과정이나 실제 삶은 잘 모르겠지만 그 사람들을 자꾸 따라 하고 싶다는 생각이 들어요.

기억상실증 환자가 한 스님과 함께 걸어가고 있었다. 기억상실증 환자는 자꾸 잊어버리는 바람에 옆에 있는 스님에게 끊임없이 스님의 이름이 뭔지, 지금 어디 가는 건지를 물었다. 계속해서 반복되는 질문에 짜증이 난 스님은 그 환자의 질문을 도저히 참을 수가 없었다.

같은 여관에 묵은 그들은 한 방에서 밤을 지내게 되었다. 아침이 되어 깊이 잠든 길동무를 본 스님은 기억상실증 환자의 머리를 깎고 그와 옷을 바꿔 입고 밖으로 나갔다. 잠에서 깬 기억상실증 환자는 거울을 보았다. 머리가 반짝반짝한, 승복을 입은 자신이 비치는 게 아닌가. 그는 당황하여 이렇게 말했다.

"이런, 어제 나와 함께 있던 그 스님이잖아. 그런데 나는 도대체 어디에 있지? 내가 길을 잃었나? 꼭 길을 찾아야 할 텐데."

그리고 그는 자기 자신을 찾아 부랴부랴 길을 떠났다.

썰렁한 이야기지? 그런데 이 이야기 속엔 그냥 피식 웃고 넘기기엔 중요한 상징이 담겨 있어. 우리는 자기도

모르는 사이에 다른 사람의 흉내를 내고 있는지도 몰라. 자고 일어나니 다른 사람이 되어 있는 기억상실증 환자처럼 말이야. '등골브레이커'라고 불리는 점퍼가 유행하는 거나, 엑소(EXO) 같은 아이돌 그룹이 유행하는 것 역시 사실은 다른 사람을 흉내 내고자 하는 마음에서 비롯된 것이지.

그런데 정말 문제는, 그 모습이 본래 자기 모습이 아니라는 걸 스스로 깨닫지 못한다는 거야. 거울을 보면서 '왜 스님이 여기 있지? 난 어디 있을까?'라고 묻는 환자처럼 많은 청소년이 가면을 쓰고 있으면서도 그걸 깨닫지 못하고 자기 자신을 찾아 헤매고 있지. 이게 네가 첫 번째로 걸러 내야 할 가짜 꿈이야. 다른 사람을 흉내 내는 꿈.

서태지라는 가수를 아니? 최근에 새로운 앨범도 발표하고, 유명한 TV 방송 프로그램에도 출연하면서 이름이야 많이 들어 보고 나름 팬인 사람도 있겠지만, 1990년대 문화 아이콘으로서의 저력을 확실히 알지는 못할 거야. '서태지와 아이들'은 지금으로 따지면 빅뱅이나 소녀시대 같은 가수처럼 시대를 대표하는 인기 그룹이었어. 우리나라에 랩 음악과 힙합을 대중화시키는 등 '문화 대통령'이라 불렸지. 실제로 서태지와 아이들이 〈컴 백 홈〉이라는 노래를 발표했을 때 수많은 가출 청소년들이 집으로 돌아오기도 했어. 서태지가 보여 준 특유의 자유로움과 반항, 당당한 자기표현이 너무 좋아 그가 하는 것은 모조리 따라 하고 싶어 하는 청소년이 참 많았었지.

삼촌의 친구도 서태지와 아이들의 골수팬이었어. 1996년에 서태지가

〈프리스타일〉이라는 곡을 발표했을 때, 뮤직비디오가 스노우보드를 타고 눈밭에서 날아오르는 장면이었어. 내 친구가 그 뮤직비디오를 보고 충격을 받은 거야. 그래서 학교를 쉬고 스키장에서 아르바이트를 하면서 밤에는 스노우보드를 배웠어. 다섯 달쯤 일하고 나니 200만 원 정도가 모이더래. 그 돈을 한 푼도 허투루 쓰지 않고 전부 스노우보드 데크와 부츠 등의 장비를 사는 데 쓰는 거야. 그 과정을 지켜본 삼촌은 그 친구가 정말 대단해 보였어.

학교를 졸업하고 우연히 그 친구를 다시 만났어. 반가운 마음에 스노우보드를 아직도 잘 타느냐고 물었지. 그랬더니 그 친구는 이제 안 탄다고 하는 거야. 내가 놀라서 다시 물었지.

"이제 보드 안 타? 왜? 너 정말 좋아했잖아?"

그러자 그 친구가 머리를 긁적이며 덤덤하게 대답하는 거야.

"응. 그땐 그랬지. 나도 내가 스노우보드를 정말 좋아하는 줄 알았어. 그런데 시간이 지나고 보니 내가 정말 하고 싶었던 건 스노우보드를 타는 게 아니라, 스노우보드를 타는 서태지를 흉내 내는 것이었더라고."

서태지가 뮤직비디오를 냈을 당시만 해도 스노우보드를 타는 사람은 거의 없었어. 스키장에서는 대부분 스키를 탔지. 그런데 그 뮤직비디오가 나온 이후로 스노우보드 붐이 인 거야. 실제로 국내 1호 스노우보더들 중에 서태지의 영향을 받은 사람이 적지 않다니까.

이렇듯 첫 번째 가짜 꿈은 다른 사람의 모습을 흉내 낸 꿈이야. 그 일에 내가 재능이 있는지, 그 일을 정말 좋아하는지 묻지 않고 막연한 동경 때문에 쫓게 되는 꿈이지. 특히 이런 가짜 꿈들은 사회적으로 성공한 사람들의 모습을 모델로 하는 경우가 많지.

애플의 스티브 잡스, 그리고 페이스북의 마크 주커버크. 이 두 사람은 작게 시작한 회사를 크게 키우고 많은 돈을 벌어서 유명해진 사람들이지. 이 사람들이 어떻게 어려움을 이겨 내고 지금의 회사를 만들게 되었는지에 대한 이야기가 담긴 책이나 영화, 강연을 보면서 사람들이 감동을 받아. 그리고 이런 내용들은 사람들의 입을 통해 더 멋지게 포장되면서 사람들은 스스로 성공한 창업가가 되어 사람들에게 감동을 주는 자신의 모습을 상상하게 되지.

물론 이 두 사람의 성장은 엄청난 노력과 실력이 뒷받침되었기에 가능했을 텐데, 사실 세상은 과정보다는 결과 그 자체만을 보려고 해. 그러다 보니 이 두 사람처럼 젊은 나이에 회사를 키우고 큰돈을 벌겠다고 잘 다니던 대학까지 중퇴하고 사업에 뛰어드는 사람들도 많아. (스티브 잡스와 빌 게이츠, 마크 주커버크는 모두 대학을 중퇴했거든.)

문제는 그게 자기 길이 아닐 확률이 높다는 거야. 재능이나 노력은 별로 생각하지 않고 단지 그들의 이야기에 내 가슴이 뛰니까 그들처럼 되어 보겠다고 시작하면 거의 실패하고 말지. 유명한 사람들의 무용담에 가슴이 뛰면 이게 진짜 내 꿈이라서 가슴이 뛰는 건지, 아니면 단순히 가슴이 뛸 정도로 멋진 이야기라서 그런 건지 판단을 해야 해. 단지 가슴이 뛰니까 '내 꿈이다, 나도 할 수 있다'라는 생각에 지배당하면 안 된다는 거지. 실제로 창업하고 5년 안에 망하지 않고 살아남을 확률은 30퍼센트에 불과하거든.

그럼, 다른 사람을 보면서 '와, 멋지다. 나도 저렇게 되어야지.' 하고 시작된 꿈은 다 가짜 꿈일까? 오해하지 마. 그건 아니야. 진짜 꿈 역시 다른 사람에 대한 동경에서 시작되는 경우가 많아. 그렇다면 어떻게 진짜 꿈과 가짜 꿈을 구분할 수 있을까? 삼촌이 알고 있는 답은 하나야. 바로 '얼마나 많은 사람들'의 모습에서 가슴이 뛰었는가 하는 거지.

예를 들어 스티브 잡스 말고도 자신이 아는 주변 많은 사업가의 모습을 보았을 때에도 내 가슴이 뛴다면 그건 진짜 꿈일 확률이 높아. 그건 그 사람 때문에 가슴이 뛴 게 아니라 '사업을 하는 행위' 자체에 이끌린 거니까. 다만 특정 한두 사람, 특히 유명인, 연예인, TV 드라마의 인물 같은 몇몇 사람들에 의해서만 내 가슴이 뛰었다면 그건 가짜 꿈일 확률이 높지. 단지 그 사람을 흉내 내고 싶은 마음이니까.

지금 네가 꾸고 있는 꿈이 진짜 꿈인지, 가짜 꿈인지는 오랜 시간 동안 자기를 관찰해 보아야 알 수 있어. 예를 들어 '이건 진짜 꿈일까? 혹시 누군가를 흉내 낸 꿈이 아닐까?' 이런 질문들을 오랫동안 하다 보면 가짜 꿈이 흔들리면서 진짜로 좋아하는 꿈들을 찾을 수 있게 되는 거야.

지금 너는 자기를 찾아 떠난 기억상실증 환자 같지는 않은지 한번 돌아보면 좋겠구나.

가짜 꿈 ②
겉모습만 보는 꿈

5장

Q 삼촌, 제 진짜 친한 친구 예진이가 요즘 바람이 든 것 같아요. 연예인이 되겠다고 공부도 안 하고 춤 연습만 하고 있어요. 제가 왜 연예인이 되고 싶으냐고 물어봤더니 TV에 나오는 연예인 모습이 너무 멋지다는 거예요. 자기도 그렇게 화려하고 멋진 삶의 주인공이 되고 싶다고요. 그런데 예진이가 너무 보여지는 모습에만 빠진 게 아닌가 해서 좀 걱정이 되기도 해요. 이 친구를 위해 무슨 말을 해 줄 수 있을까요?

한 남자가 말을 타고 길을 가다가 강도들과 마주쳤다. 강도들은 그를 위협했고, 그는 도망치기 시작했다. 그는 곧 사나운 급류와 마주쳤다. 급류는 엄청난 소리를 내며 들판을 향해 흘러가고 있었다. 너무나 매섭게 몰아치는 나머지 그것은 온 들판을 두려움으로 떨게 만들었다. 어떤 여행자도 감히 그 급류를 건너지 못했다. 그는 다급함에 어쩔 수 없이 급류 속으로 들어갔다. 하지만 막상 들어가니 생각보다 괜찮은 게 아닌가. 겉으로만 위협적이었을 뿐 물살이 많이 거세지 않았다. 표면의 물살만 빨랐지 바닥은 아주 천천히 흐르고 있었다. 건너는 동안 그가 느낀 것이라곤 약간의 두려움 정도였다. 급류를 무사히 건너자 그에게는 용기가 솟았다.

강도들은 여전히 그를 뒤쫓아 오고 있었다. 그는 다시 도망쳤다. 머지않아 다른 강물과 마주쳤다. 그 강은 매우 부드럽고 평화롭게 흐르고 있었다. 누구라도 쉽게 건널 수 있어 보이는 강이었다. 그는 바로 강물로 뛰어들었고, 곧 허우적대기 시작했다. 결국 그는 강도를 피했지만 강물에 빠져 죽고 말았다.

강물이 그가 생각했던 것보다 훨씬 깊었기 때문이다.

이 이야기처럼 이 세상엔 겉으로 보는 것만으로는 실체를 알 수 없는 것들이 많아. 그리고 겉으로 보이는 모습과 실체가 다른 직업들도 아주 많지. 특히 화려한 직업일수록 그런 경향이 있어. 예를 들어 패션모델을 한번 보렴. 우리는 런웨이 위에서 걷고 있는 모델들의 화려한 모습을 보고 멋있다고 생각하지. 그런데 무대 뒤의 모습도 그렇게 화려하기만 할까? 실제로 쇼가 진행되는 동안 모델들은 불편한 옷을 입고 온종일 대기하느라 매우 힘들어한다고 해. 땅바닥에 그냥 비닐을 깔고 그 바닥에서 잠을 자기도 하고 하루에 여러 번 쇼를 하는 경우도 많아서 다음 행사장으로 이동하는 동안 차 안에서 쪽잠을 자고, 하이힐 때문에 발은 늘 물집이 잡혀 있고, 머리와 피부는 과도한 메이크업으로 손상이 되어 오랜 시간 동안 그걸 복구해 주어야 하지. 170센티미터를 훌쩍 넘는 키에 40킬로그램 대를 유지해야 하니 먹는 것도 늘 '죽음의 다이어트' 상태를 유지해야 해. 유명한 프랑스 모델 이사벨 카로는 무리한 다이어트 끝에 호흡기 질환 증세로 숨지기도 했어.

우리의 생각과는 달리 대부분의 모델들이 박한 보수와 다른 연예인에 비해 낮은 인지도, 불안한 미래, 그리고 이 틈을 비집고 시시때때로 찾아오는 우울증 때문에 자기 직업에 대해 만족하지 못하는 경우가 많아. 2007년에 교육인적자원부와 한국직업능력개발원이 조사한 바에 따르면 170개 직업군 중에서 모델의 '직업 만족도'가 가장 낮았어. 모델이 꼴찌라니, 의외지? 그다음으로 만족도가 낮은 직업이 뭔 줄 아니? 의사야.

우리가 보는 화려한 무대와는 다르게 무대 뒤는 너무나 열악해서 힘들어하는 직업들이 많아. 오해하지는 마. 삼촌이 말하고자 하는 건 모델이나 의사가 나쁜 직업이라는 게 아니야. 사실 그렇게 보람 있는 직업들도 드물지. 다만 그 직업을 좋아하는 사람들의 대부분이 무대 위의 화려함이나 높은 월급 때문에 '무대 뒤의 어려움'을 제대로 알지 못하고 뛰어들었다가 힘들어하는 경우가 많다는 걸 말하고 싶은 거야. 실제 현실에 대해 충분히 알아본 뒤 '그럼에도 불구하고' 선택한 사람이라면 그런 열악한 환경들이 더는 어려움이 아니겠지. 그런데 대부분은 그런 사전조사 없이 화려함만을 쫓아 일을 시작했다가 생각보다 만만치 않은 현실 때문에 결국 지쳐 포기하게 된다는 거야.

두 번째 가짜 꿈은 겉모습만을 보고 동경하는 꿈이야. 무대 위의 화려함만을 보고 무대 뒤의 노력은 보지 않는 어린아이 같은 유치한 마음이지. 그 일을 이루기 위해 치러야 하는 대가를 무시한 채, 그저 그 일을 하는 사람이 '누리는 혜택'만을 동경하는 거야.

아이돌 가수는 화려한 무대 조명을 받으며 노래를 열창하고 많은 사람의 박수를 받지. TV에서 그런 가수를 보면서 많은 청소년이 자신도 무대 한가운데에서 다른 사람들의 박수와 사랑을 받으며 살아야겠다고 다짐하게 돼. 이런 경우, 가짜 꿈일 가능성이 높아. 왜냐하면 가수라는 직업의 한쪽 면만을 보기 때문이야.

가수가 되기 위해서 오랜 시간 많은 노력을 쏟아야 한다는 점을 고려하지 않고 있는 거야. 너희들도 익히 보고 들어 알겠지만, 가수가 되는 과정은 정말 힘들어. 〈슈퍼스타 K〉나 〈K-POP 스타〉 같은 프로그램에서 Top 10에 든 사람도 음반을 내지 못하는 경우가 대부분이지. 어쩌면 빅뱅의 지드래곤이나 2AM의 조권처럼 10년에 가까운 시간을 무명의 연습생으로 지내야 할지도 모르지. 10년이 얼마나 긴 시간인지 생각해 본 적 있니? 결코 짧은 시간이 아니야. 그 기간 동안 노래에 대한 열정이 없는 사람은 연습과 땀으로 가득한 초라한 무명 시절을 견뎌 낼 수 없어. 우리가 찾아내야 하는 꿈은 그런 게 아니야. 어떤 어려움이 와도 이겨 낼 수 있을 만큼 간절한 꿈, 바로 진짜 꿈이야.

물론 이루기 쉬운 꿈만을 좇으라는 뜻은 아니야. 다만 그 꿈을 전체적으로 바라볼 수 있는가, 그것을 하면서 겪어 내야 할 노력이나 땀을 알고 있는지 생각해 보라는 의미야. 왜냐하면 우리가 생각하는 것보다 '겉모습만 보는 꿈'이란 함정에 쉽게 빠질 수 있기 때문이지.

네가 적은 꿈들을 살펴봐. 이 중에서 네가 화려한 무대 위의 모습 때문에, 네가 누리게 될 혜택 때문에 좋아한다고 믿는 것은 무엇이니? 그 일을 하는 하루하루의 과정이 기뻐서가 아니라 그 일이 끝났을 때 사람들에게 얻게 될 인기나 돈 때문에 좋아하는 것은 무엇이니? 이런 꿈들은 삼촌의 경험상 오래가지 못할 거야. 하나씩 지워 보렴.

가짜 꿈 ③
두려워서 안주하는 꿈
—

6장

Q 삼촌, 사실 성공하기 위해 도전하지만 실패하는 일이 더 많잖아요. 그걸 알면서도 막상 실패할까 봐, 실패하면서 후회할까 봐 도전하기가 두려워요. 후회하지 않기 위해 도전도 하지 않는 저는 어쩌면 좋을까요?

미국 라스베이거스의 한 카지노에서 여러 가지 재미있는 도박판이 벌어지고 있다. 파란 모자를 쓴 도박사가 '참가비가 없다'는 말로 솔깃한 제안을 한다. 그의 말은 이렇다.

"제가 동전을 던질 겁니다. 아무 장치도 되어 있지 않은 이 평범한 동전 하나를 하늘 높이 던져서 앞면이 나오면 제가 150만 원을 당신에게 드릴 겁니다. 단, 뒷면이 나오면 당신은 100만 원을 제게 주셔야 합니다. 물론 참가비는 따로 없습니다. 게임에 참가하시겠습니까?"

앞면이 나오면: +150만 원

뒷면이 나오면: −100만 원

"기회는 한 번뿐이에요. 참가하시겠습니까?"

카지노 한편에 있는 다른 게임판. 이번에는 빨간 모자를 쓴 도박사가 마찬가지로 '참가비가 없는 게임'이라며 큰 소리로 외치고 있다. 그의 앞에는 상자 두 개가 놓여 있다.

"A 상자에는 빨간 공 100개가 들어 있습니다. 당신이 손을 뻗어 그 공을 뽑기만 하면 100만 원을 드릴 것입니다. B 상자에는 세 가지 색깔의 공이 들어 있습니다. 빨간 공은 100만 원, 파란 공은 500만 원, 노란 공은 꽝입니다. 기회는 딱 한 번뿐, 어느 상자에서 공을 뽑겠습니까?"

상자 A	상자 B
	빨간 공(89개): 100만 원
노란 공(100개) : 100만 원	파란 공(10개): 500만 원
	노란 공(1개): 꽝!

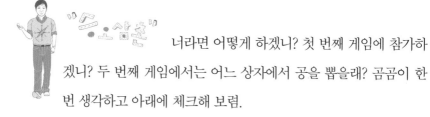

너라면 어떻게 하겠니? 첫 번째 게임에 참가하겠니? 두 번째 게임에서는 어느 상자에서 공을 뽑을래? 곰곰이 한 번 생각하고 아래에 체크해 보렴.

첫 번째 게임: 1. 참가한다. 2. 참가하지 않는다.
두 번째 게임: 1. 상자 A 2. 상자 B

자, 이제 객관적으로 문제를 분석해 볼까? 첫 번째 게임은 100만 원을 잃을 확률이 반, 150만 원을 딸 확률이 반이니까 기대 수익은 25만 원 (=150만 원X0.5-100만 원X0.5). 참가하는 게 이득이구나. 확률적으로만 보면 참가하는 게 맞겠지? 두 번째 게임은, 계산이 좀 복잡하지만 A 상자(100

만 원)보다는 B 상자(139만 원=100만 원X0.89+500만 원X0.1)가 39만 원이 이득이구나! B 상자에서 공을 뽑는 게 낫겠지?

그런데 실제로 실험을 해 보면 대부분의 사람들이 첫 번째 게임은 '참가하지 않겠다'고 결정하고 두 번째 게임은 A 상자에서 공을 뽑는다는구나. 왜일까? 혹시나 돈을 잃게 될지도 모른다는 '불안함' 때문이지. 첫 번째 게임에서는 150만 원을 얻을 수도 있지만, 똑같은 경우로 100만 원을 잃을 수가 있고, 두 번째 게임에서는 단 하나의 '꽝'을 뽑을 수도 있는 B 상자보다는 무엇을 뽑든 100만 원을 얻을 수 있는 A 상자가 훨씬 안정적이거든. 말하자면 '적어도' 내 걸 잃지 않거나 '적더라도' 확실하게 얻을 수 있는 안전한 선택을 한다는 이야기지.

사람들이 제일 싫어하는 감정이 뭔지 아니? 고통, 공포, 외로움, 질투 등등의 부정적인 감정 중에 말이야. 대부분의 심리학자들은 이 질문에 대해 '불안'이라고 답한대. 조금 의외지? 인간은 불안한 상태를 가장 싫어해. 고통이나 공포, 외로움 같은 부정적인 감정도 불안한 상태와 만났을 때 엄청나게 커지지.

감옥에서 정말 어처구니없는 상황이 일어나곤 해. 사형수가 자살하는 경우 말이야. 실제로 많은 사형수가 감옥에서 목을 매고 죽는다고 해. 어차피 죽을 건데 왜 스스로 목숨을 끊는 걸까? 이유는 간단해. 불안하기 때문에. 언제가 사형 집행일이 될지 모르니, 그 불안함을 끊기 위해 자살하는 거지.

이렇게 사람은 불안한 감정을 가장 싫어하고 또 회피하고 싶어 해. 그래서 불안함을 없애는 것을 기분 좋게 생각하기도 하지. 그런데 불안함을 없애는 것과 실제 행복한 것은 엄연히 다르다는 거야.

전교 1등을 엎치락뒤치락 경쟁하는 철수와 영희가 있다고 하자. 둘 다 새벽 2시가 넘어야 책을 덮고 침대로 향하는 공부벌레들이야. 겉으로는 차이가 없어 보이지. 그런데 그들이 공부를 하는 이유는 사뭇 달라. 영희가 공부를 하는 이유는 점점 아는 게 많아지는 게 너무 즐겁기 때문이야. 물론 친구들의 부러운 시선도 한몫하지. 반대로 철수는 전교 3등 이하로 내려가면 아빠에게 비 오는 날 먼지 나듯 맞기 때문에 공부를 해. 영희는 행복해지려고 열심히 하는 거고, 철수는 불안함을 없애기 위해 공부하는 거야. 둘 다 성적이 좋으니 좋은 대학을 가겠지만, 대학교에 가서도 공부를 꾸준히 하는 건 둘 중 누구일까? 물론 영희겠지. 철수는 대학을 진학하고 아빠가 잔소리를 하지 않게 되면 공부를 열심히 하지 않을 거야.

불안함을 없애기 위해, 후회하지 않기 위해 하는 행동은 잠시 동안은 내게 힘을 주지만, 절대로 오래 지속하지는 못해. 꿈도 마찬가지야. 많은 사람들이 후회하지 않기 위해, 불안하지 않기 위해 꿈을 꾸는 경우들이 있어.

삼촌의 경험에 비춰 보면 불안함을 없애기 위한 꿈 중 가장 흔한 꿈이 '돈'에 관한 꿈이야. 물론 내가 하고 싶은 일을 하기 위해 필요한 돈을 모으는 건 좋은 꿈이야. 생각보다 돈이 많이 드는 꿈들이 있기 마련이니까. 그런데 만약 단지 부자가 되기 위해서, 평생 돈 걱정 하지 않으려고 돈을 모으는 꿈은 사실 '가난'에 대한 불안감에서 오는 경우가 많아. 가난이 두려워서 부자를 꿈꾸는 거지. 이런 꿈은 잘 살펴봐야 해. 앞서 말했듯이 두려워서 가지게 된 꿈은 오래가지 못하거든.

이런 꿈들은 주로 어렸을 적의 힘들었던 경험에서 오는 경우가 많아. 어렸을 적 너무 가난했다면 이후로 가난에 대해 두려움을 가지게 되지. 그래서 끊임없이 돈을 원하게 되는 거야. 혹은 가난하게 사는 사람들을 보며 나는 저렇게 되지 말아야지 하는 간접적인 두려움을 갖기도 하고. 이런 꿈을 갖고서 부자가 된 사람은 그렇게 되고서도 나눌 줄 모르는 구두쇠가 되는 경우가 많아. 과거에 부족했던 게, 지금 날개를 펼쳐야 할 꿈의 발목을 붙잡고 있는 거야.

가끔 있는 일이긴 하지만, 친구들 사이에서 인기 있는 사람이 되는 꿈도 가짜 꿈인 경우가 있어. 친구가 많은 걸 좋아하는 게, 정말 친구가 좋아서라기보다 '왕따'가 되는 게 너무 싫어서인 경우지. 어렸을 적 '왕따' 경험 때문에 친구들의 부탁을 거절하지 못하는 '예스 맨(Yes Man)'이 되는 거지. 부자의 꿈을 갖는 것과 마찬가지로 왕따인 아이들을 보며 나는 그런 존재가 되는 게 무서워 친구들을 거짓으로 사귀기도 하고. 혼자서 끙끙대며 힘들어하면서도 말이야. 자기 자신을 행복하게 하지 못한다면 그건 진짜 꿈이 아니야.

무슨 말인지 알겠니? 불행에 집착해서는 진짜 행복을 찾을 수 없어. 이런 꿈들은 덜 채워지면 불행하지만 많이 채워진다고 해서 결코 행복해지지 않는다는 특성이 있어. 한 달에 100만 원을 버는 사람은 1000만 원을 버는 사람보다 불편할 거야. 하지만 1000만 원을 버는 사람이 100만 원을 버는 사람보다 10배 더 행복하다고 말할 수 있을까. 이런 것들은 없으면 불편하거나 불행할 수는 있지만 많이 채워진다고 해서 행복해지지는 않는다는 특징이 있어. 그래서 네 꿈 중에 이런 꿈들이 있다면 과감하게 지워 버려야 해. 특히 어렸을 적에 부족해서 내가 좋아한다고 믿게 된 꿈들, 혹은 만약 갖지 못한다면 불행할 것 같으니 갖으려고 하는 꿈들 말이야.

많은 어른들이 '후회 없는 삶'을 살고 싶다고 이야기해. 삼촌은 네가 그런 말을 하지 않았으면 좋겠구나. 후회가 없다고 행복한 게 절대로 아니야. 행복하고 싶다면 행복 그 자체에 초점을 맞춰야 해. 어떻게 하면 후회를 덜할까가 아니라 어떻게 하면 행복할까를 생각하고 발견해야 한다는 이야기야. 행복은 행복으로서만 이야기할 수 있거든. 무엇이 나를 행복하게 하는가, 스스로에게 늘 질문하고 찾고 경험하는 게 첫째고, 일단 찾아지면 그 느낌 안에서 머무는 게 두 번째야.

꿈에 생명을
주는 것
—

7장

Q 저는 가끔 제가 너무 꿈만 꾸는 게 아닌가 걱정이 돼요. 이것저것 벌려 놓고 하다가 만 일들도 많고요. 저는 화가가 되고 싶은데, 1년 동안 그리는 그림은 대여섯 장이 전부예요. '해야 한다'는 생각을 하면 할수록 더 하기 싫어져 버리고요. 이렇게 게으르기만 한데, 이게 정말 제 꿈일까요?

소녀가 4살 때 일이었다. 어느 날 할아버지는 소녀에게 작은 종이컵 하나를 선물로 주셨다. 뭔가 특별한 것을 기대하던 소녀는 실망했다. 그 속은 그저 흙으로 가득했기 때문이다. 할아버지는 작은 찻잔에 물을 가득 담아 그 종이컵에 물을 준 후 햇빛이 드는 창가에 올려놓으셨다. 그리고 소녀에게 말씀하셨다.

"얘야, 날마다 이 종이컵에 물을 주어라."

한동안 소녀는 호기심에 열심히 물을 주었다. 그러나 며칠이 지나도 컵 속에서는 아무 일도 일어나지 않았다. 일주일이 지난 후 할아버지가 소녀에게 물으셨다.

"얘야, 매일 물을 주어야 한단다. 매일이란다. 한 번도 거르면 안 된단다."

또 일주일이 지났지만 아무 일도 생기지 않았다. 소녀는 은근히 짜증이 나기 시작했다. 그러나 할아버지는 빙그레 웃으시면서 소녀의 손을 잡고 말씀하셨다.

"잊지 마라. 하루도 물 주는 것을 거르면 안 된다."

셋째 주가 되자 소녀는 물 주는 것을 자주 잊었다. 막 잠이 들려다가 생각이 나서 침대에서 빠져나와 물을 주기도 했다. 어느 날 아침이었다. 물을 주려다가 컵 속의 흙에서 작은 연두색 싹을 보았다. 어젯밤 잠들기 전에도 그 속에는 흙만 가득했었다. 소녀는 말할 수 없는 감동으로 벅차올랐다. 두 개의 싹은 하루가 다르게 커 갔다. 얼른 할아버지에게 알려 드리지 못해 안달이 났다. 할아버지도 소녀처럼 깜짝 놀라실 것으로 생각했다. 그러나 할아버지는 조금도 놀라지 않으셨다.

"얘야, 생명은 세상 어디에나 존재한단다. 우리가 전혀 생각하지 못한 곳에도 생명은 숨어 있단다."

소녀가 물었다.

"할아버지 그럼 생명을 자라게 하는 것이 바로 물이에요?"

할아버지는 소녀의 머리를 쓰다듬어 주셨다. 그리고 이렇게 말씀하셨다.

"얘야, 생명을 자라게 하는 건 성실함이란다."

-《할아버지의 기도》 (레이첼 나오미 레멘 지음, 류해욱 옮김, 문예출판사),

14~17쪽(각색하여 사용)

지금까지 우리가 함께한 작업들을 정리해 보자. 너는 50개의 씨앗을 바구니에 담았어. 이 씨앗들 중에는 진짜 '내 꽃'의 씨앗도 있지만 다른 꽃의 씨앗이나 오래되어 썩은 가짜 씨앗들도 있어. 이 가짜 꿈들을 솎아 내기 위한 세 가지 질문을 너는 알고 있어. 사실 이 세 가지 말고도 가짜 꿈들은 많아. 가짜 꿈들의 공통점이 뭔 줄 아니? 바로 네가 오랫동안 가지고 있을 수 없는 꿈이라는 거야.

이제 앞에서 적었던 50개의 꿈들을 하나하나 살펴보면서 스스로에게 질문해 보렴. 이건 내가 정말 오랫동안 품을 만한 꿈인가? 혹시 다른 사람(유명인)의 꿈을 흉내 낸 건 아닌가? 무대 위의 화려함만을 보고 있는 건 아닌가? 예전에 부족해서 지금도 좋아한다고 믿고 있는 집착은 아닌가?

1. 아주 오랫동안 가슴에 품을 만한 것인가? (지속성)

2. 특정 한두 사람의 영향을 받은 꿈은 아닌가? (독립성)

3. 단지 누리게 될 혜택만을 바라보고 있지는 않은가? (진실성)

4. 부족한 게 싫어서 지금 좋아한다고 믿는 것은 아닌가? (중독성)

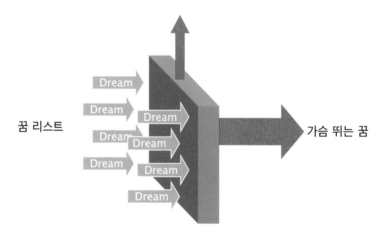

이런 질문들을 하면서 50개의 꿈을 들여다보렴. 그리고 그중에서 진짜 꿈 10개를 골라 보렴. 아주 오랫동안 네 가슴을 뛰게 할 꿈, 그래서 결국 현실에서 만나게 될 따끈따끈한 꿈 말이야.

나의 진짜 꿈 Top 10

1.
2.
3.
4.
5.
6.
7.
8.
9.
10.

이제 이 10개의 씨앗을 가지고 네가 해야 할 일이 무엇인지 알고 있니? 바로 앞선 이야기의 할아버지가 소녀에게 당부했던 것, '매일매일 물을 주는 일'을 해야 해. 성실하게 말이야.

오해하지 마. 여기서 삼촌이 말하는 성실함은 좋아하는 일을 열심히 하는 것만을 뜻하지 않아. 그 정도는 누구나 할 수 있어. 성실함이란 좋아하는 일뿐만 아니라 하기 싫은 일도 묵묵히 해내는 거야. 좋아하는 일을 하기 위해 '하기는 싫지만 꼭 해야만 하는 일'들이 있게 마련이거든. 화가가 되려면 재미없는 선 긋기부터 배워야 하고, 좋은 책을 쓰려면 많은 책들을 읽어야 해. 과학자가 되려면 기본이 되는 수학을 열심히 공부해야 하지. 이런 '기본기'를 닦는 일에 게을러서는 안 돼. 하루라도 물을 주는 것을 거르면 싹이 틔지 않는 것처럼, 매일매일 자신을 갈고닦지 않으면 꿈을 이룰 수 없어.

성실함은 '매일 하는 것'이야. 동시에 중요한 일뿐만 아니라 작은 일에도 정성을 쏟는 것이기도 하지. 누구나 성실할 것 같지만 이 정도로 성실한 사람은 생각보다 많지 않아. 그래서 꿈을 이루는 사람들의 숫자도 적은 거고.

진정으로 하고 싶은 일을 발견했다고 해서 그것을 하루빨리 시작하는 것만이 능사는 아니야. 성실함을 훈련할 수 있는 가장 좋은 시기가 청소년임을 기억해. 이때 성실함을 몸에 익히지 못하면 불평을 입에 달고 사는 사람이 돼. 불평불만이 많은 사람치고 성실한 사람은 거의 없거든. 삼촌은 상황 탓, 남 탓, 돈 탓을 입에 달고 다니는 사람이 좋아하는 일로 성공한 경우를 본 적이 없어.

하고 싶은 일 속에는 하기 싫은 일도 들어 있기 마련이야. 그리고 바로 그 하기 싫은 일을 얼마나 성실하게 하느냐에 따라 성공까지는 아니더라도 실패가 결정돼. 내가 하고 싶은 일에서 실패하지 않기 위해서는 하기 싫은 일에도 정성을 쏟을 줄 알아야 한단다. 이런 사람만이 자신의 꿈을 현실로 만들 자격이 있는 사람이야.

3부

재능, 어떻게 개발할까?

좋아하는 것과
잘하는 것은 다르다
—
1장

Q 부모님이 미술을 전공하셔서 저도 미술 쪽으로 준비하고 있는데 제가 잘 할 수 있는 건지 잘 모르겠어요. 저는 오히려 주변 친구들의 고민을 잘 들어주는 편이에요. 친구들 사이에서도 많은 도움이 된다고 소문이 나는 바람에 저를 찾는 친구들이 점점 늘고 있어요. 경험이 있는 미술을 계속해야 할지 아니면 잘할 수 있는 상담 쪽을 공부해야 할지 고민이 돼요. 어떻게 해야 할까요?

몬 스터대학에서 가장 유명하고 유망한 학과는 바로 겁주기학 과다. 어렸을 적부터 아이들의 비명을 수집하는 무시무시한 몬스터가 되고 싶었던 나는 몬스터 대학 겁주기학과에 지원했다. 그런데 입학 시험을 치르던 중에 사고가 생겨서 정식으론 합격할 수 없었다. 결국 겁주기 대 회에서 우승을 해야만 겁주기학과에 입학할 수 있는 상황이 되었다.

겁주기 대회에 참가하려면 다른 몬스터들과 함께 팀을 이뤄 팀으로 신청을 해야 했는데, 내가 모집할 수 있었던 팀은 몬스터들 중에서도 가장 안 무서운 몬스터들이 모인 팀이었다. 나도 사실 무섭다기보다는 귀여움에 가까운 외모 를 가진 몬스터다. 그런데도 나는 정말 아이들을 겁주고 싶었고, 무서운 몬스 터가 되고 싶었다. 몬스터가 대체 뭔가, 바로 무서운 게 생명 아닌가. 우리 팀 은 눈이 여러 개 달린 몬스터, 문어발을 가진 몬스터, 팔다리가 길고 유연한 몬스터 등 무섭진 않지만 순수한 마음과 뚜렷한 개성, 다양한 재능이 모인 팀 이었다. 첫 경기부터 탈락할 위기에 처했지만, 우리가 가진 장점을 잘 활용해서 위기를 극복하고 계속 대회에 참가할 수 있게 되었다.

대회를 준비하면서 새롭게 알게 된 사실은, 내가 잘하는 건 직접 겁을 주는 것보다 다른 몬스터들이 더 무서운 몬스터로 활약할 수 있도록 도와주는 역할이라는 것이었다. 내가 생각해도 정말 놀라웠다. 나는 팀원들의 재능을 잘 파악하고 시합마다 적재적소에 그들의 능력을 잘 활용했다. 훌륭한 팀워크를 만들어 내는 게 내 또 다른 능력이었다.

비록 나는 무서운 몬스터가 아니라 귀여운 몬스터라서 내가 직접 아이들을 겁줄 수는 없지만, 다른 몬스터들이 아이들에게서 더 많은 비명소리를 얻을 수 있도록 도와주는 '코치 몬스터'로서의 내 길을 찾게 되었다.

결국 나는 몬스터주식회사에 몬스터 코치로 입사하게 되었다. 이젠 너도나도 아이들을 더 무섭게 겁주기 위해 찾아오는 나는, 마이크 와조스키다.

"현강삼촌" 모든 사람은 잘하는 게 하나씩 있어. 다만 아직 발견하지 못했을 뿐이지. 학교에서 모든 사람이 저마다 잘하는 것을 찾아 줄 수 있다면 참 좋겠지만, 보통 학교는 기억력이나 수리력 같은 몇 가지 재능만 개발하도록 돕고 있어. 참 안타까운 일이야. 우리나라 교육은 자기만의 재능을 찾아서 발전시켜 주기보다는, 시험 잘 보는 학생들을 만드는 교육에 집중하는 것 같아. 네 지난 학기 성적표를 보렴. 그 성적표를 보며 선생님이나 부모님이 "더 열심히 하라."고 한 과목은 뭐니? 보통은 잘 못한 과목들이지. 그것 보렴. 학교는 잘 못하는 약점을 보완하는 것에 더 신경을 써. 그러다 보니 대부분을 평범한 수준으로 맞추고 있지. 균형 있게 골고루 개발하는 건 좋지만, 학교에서 자기만의 독특한 재능을 발견하는 건 참 어려운 일이지.

몬스터대학에서 자기가 좋아하는 것과 잘하는 것이 다르다는 사실을 발견하고, 자신이 잘할 수 있는 일을 찾게 된 마이크 와쇼스키는 참 운이 좋다고 볼 수 있어. 어떻게 그럴 수 있었을까? 기회가 주어졌기 때문도 있지만 더 중요한 건 다양한 경험의 문을 열고 주어진 기회에 도전해 보았다는 거야.

이 대목에서 고개를 갸웃하는 너희들의 모습이 보이는 것 같구나. '아니, 좋아하는 것과 잘하는 게 다르다고? 좋아하는 일은 자연히 잘하게 되는 거 아닌가? 아까 삼촌도 좋아하고 잘하는 일을 찾아보라고 하지 않았었나?' 이렇게 말이야. 좋은 질문이야. 하지만 안타깝게도 그 대답은 네가 예상하는 것과는 달라. 냉정하게 말할게. 좋아한다고 해서 다 잘하게 되는 것은 아니야. 예를 들어 볼게.

혹시 노래 좋아하니? 등하굣길에, 여가시간에 이어폰을 꽂고 노래를 즐겨 듣지 않니? 노래방에서는 어때? 친구들의 부러움을 살 만큼 노래를 잘 부르는 편이니? 한번 생각해 보렴. 노래를 좋아하는 것과 노래를 잘 부르는 것은 다른 차원의 문제야. 〈슈퍼스타 K〉 같은 오디션 프로그램에서도 볼 수 있듯이, 노래를 좋아하는 사람은 많지만 실제로 서바이벌에서 살아남고 인정받는 사람은 극소수인 것과 마찬가지야.

네가 만약 이 노래가 좋아서 〈슈퍼스타 K〉에 지원했지만 예선에서 탈

락한 지원자라고 생각해 보자. 내 노래가 인정받지 못했다는 사실이 슬프고, 좋아하는 노래를 계속할 수 없다는 생각에 막막하고 불안할 거야. 이 상황에서 너는 어떤 선택을 할 수 있을까? 가수가 될 가능성이 적으니 포기하고 체념한 채 살아가야 할까? 아니면 비록 가수는 아니지만 좋아하는 노래를 계속 가까이할 수 있는 방법을 찾아야 할까? 삼촌이라면 노래 부르는 것이 아니더라도 좋아하는 노래를 가까이할 수 있는 재능과 방법을 찾아보는 길을 선택하겠어. 노래를 좋아한다고 반드시 가수가 되어야 하는 것은 아니니까. 작곡가, 악기 연주가, 음악 평론가, 기획자, 광고 음악 전문가 등 음악과 함께하는 다른 직업은 아주 많거든. 그중에서 네 재능을 살릴 수 있는 일을 찾을 수 있을 거야.

마찬가지로 축구를 좋아하는 모두가 축구를 잘하는 축구 선수가 될 필요는 없어. 축구선수 매니저(에이전트)도 있고, 축구화를 개발하는 일도 있지. 축구선수들을 더 멋지게 꾸며 줄 수 있는 유니폼 디자이너도 있고. 영화를 좋아한다면, 영화배우나 감독, 시나리오 작가 말고도 엄청나게 많은 직업들을 생각할 수 있어. 영화가 끝나고 까만 화면에 올라가는 엔딩 크레딧을 한번 잘 살펴보렴. 그 안에는 영화 촬영지를 섭외하기 위한 여행 전문가, 세트 디자인을 위한 인테리어 전문가, 특수 효과를 위한 컴퓨터 그래픽 디자이너 등 무수한 종류의 직업이 있는 거야. 그중에서 네가 잘하는 역할을 찾으면 되는 거지.

좋아하는 것과 잘하는 건 분명 달라. 내가 좋아한다고 해서 꼭 그걸 잘하게 되는 건 아니라는 사실은 안타깝지. 그런데 네가 '좋아한다'는 것을 한 가지 직업에 한정 짓지 말고 조금만 넓게 생각해 보렴. 가수가 아니라 음악을 하는 것, 축구 선수가 아니라 축구를 즐기는 것, 영화배우가 아니라 영화와 함께 사는 것이 네가 정말 원하는 것이라면 그 속에서 네가 잘하는 것을 반드시 찾을 수 있을 거야. 마이크 와쇼스키처럼 말이야.

무엇보다 중요한 건 네게도 재능이 있다는 걸 스스로 믿어야 한다는 거야. 당장 겉으로 나타나는 재능이 없다고 해서 불안해하거나 조급해하지 않아도 된단다. 재능이라는 것은 눈에 보이는 것이 전부가 아니거든. 눈에 보이는 게 전부라면 찾기도 쉽고 고민할 필요도 없겠지. 그렇다면 지금 네 눈에는 잘 보이지 않는 재능을 어떻게 발견하고 키울 수 있을까? 이제부터는 바로 그걸 탐색하게 될 거야.

재능은 '나도 모르게 반복적으로' 하는 것

2장

How2

Q 얼마 전 TV에서 재능기부 하는 사람들을 보면서 참 부러웠어요. 저도 재능기부 하는 사람들처럼 제가 가진 재능으로 누군가를 도울 수 있으면 좋겠는데, 사실 전 제가 가진 재능이 무언지도, 재능이 있긴 한지도 모르겠어요. 재능은 도대체 뭘까요?

1947년 미국 보스턴에서 태어난 템플 그랜딘(Temple Grandin)은 2살 때, 뇌에 장애가 있다고 진단받아 특별한 보호시설에 맡겨졌다. 아이의 상태는 다른 사람과 원만한 관계를 형성하지 못하고 자신의 세계에 갇혀 지내는 '자폐증' 장애였다. 그녀는 다른 사람과 접촉을 극단적으로 싫어했고, 날카로운 소리에 발작을 일으켰으며 종종 폭력적으로 돌변해 친구들을 때리곤 했다. 의사들은 그녀가 정상적인 삶을 살 수 없을 것이며, 평생 보호시설에서 지내야 할 것이라 이야기했다. 그러나 어머니와 선생님의 헌신적인 노력으로 대학에 진학하게 되었다.

대학 시절, 그녀는 우연히 이모의 농장에서 일을 하며 알게 된 '가축 압박기'에 관심을 갖게 되었다. 가축 압박기란 소나 돼지들에게 주사를 놓거나 낙인을 찍을 때, 가축이 날뛰는 것을 방지하기 위해 압력을 주어 동물을 움직이지 못하게 하는 기계를 말한다. 그녀는 압박기로 끌려 들어가는 가축들의 눈을 바라보았다. 그 눈빛은 한결같이 불안과 두려움에 떨고 있었다. 그리고 몇 분 후에 압박기의 양쪽 판이 가축을 누르자 가축들의 불안한 눈빛이 순해지는 것을 보았다. 자폐증으로 늘 내면이 불안했던 그녀는 그 기계를 보며 이렇게 생각했다.

'어쩌면 나도 저 기계에 들어가서 압박을 받으면 좀 편안해지지 않을까?'

그리고 그녀는 이모의 도움을 얻어 압박기에 들어가 보았다. 다른 사람의 접촉에 소스라치게 반응했던 그녀였지만 이상하게 압박기 안에서는 마음이 편안해졌다. 그리고 몇 년 동안 가축 압박기에 대해 공부하며 자신에게 맞는 기계로 개조하기 시작했다. 자신을 늘 지지하던 어머니조차 그 기계를 만드는 것이 미친 짓이라며 반대했지만, 그녀는 그때 그 느낌을 잊을 수가 없었다. 자기도 모르게 그 기계에 대해 생각하는 시간이 많아졌다. 결국 그녀는 가축 압박기를 응용해 '안아 주는 기계'를 개발하게 되었고, 매일 그 기계 속에 들어가 몸과 마음을 편안하게 했다.

그것이 계기가 되어 그녀는 대학원에서 전공을 심리학에서 동물 과학으로 바꾸었다. 가축 압박기를 자신에게 적용하면서 느낀 감정적인 편안함이 다시 가축에 대한 관심으로 옮겨 가면서 자연스럽게 자신의 재능을 발견하게 된 것이었다. 그녀는 가축을 위한 도구들을 개발하기 시작했다. 지금 그녀는 미국 콜로라도 주립대학의 동물학과 교수가 되었다. 그리고 가축을 다루는 도구 전문가로 세계적으로 인정받고 있다. 미국 가축 시설의 3분의 1이 그녀의 설계로 이루어졌으며, 그 설계는 다른 나라에서도 널리 도입되고 있다. 또 하나 더 놀라운 것은, 템플은 자폐증을 직접 겪고 극복한 과정을 통해 자폐증 분야의 세계적 권위자가 되었다는 사실이다.

그녀의 삶에 대한 태도가 보는 사람을 숙연하게 해. 그녀의 자폐증은 분명 누가 보아도 치명적인 약점이야. 자폐증 때문에 다른 사람과 소통하지 못하고 혼자만의 세계에 빠져서 살아가지. 그런데 그런 장애 때문에 그녀는 언어보다는 '영상'에 의해 세상을 인지한다고 해. 그래서 다른 사람보다 동물의 미묘한 표정이나 감정을 잘 이해할 수 있는 거지. 그녀가 가축 압박기에 집착한 것도 그 때문이야. 그랜딘은 자기도 모르는 사이에 계속해서 압박기 속의 동물들의 눈빛에 대해 생각하고 또 생각했던 거야. 결국 그게 자신의 장애를 극복하고 세상을 바꿀 수 있도록 했지.

우리는 왜 우리가 가지지 못한 것에 대해서만 신경을 썼던 걸까? 왜 잘하는 것보다는 잘 못하는 것을 보완하려고만 했을까? 템플 그랜딘이 그랬듯 약점에도 불구하고, 우리 모두는 반드시 잘하는 게 하나씩은 다 있는데 말이야.

세상에 완벽한 사람은 없어. 세상에서 존경받는 위인들조차도 사실 단점이 많은 사람들이었지. 예를 들어 링컨은 젊은 시절 남을 비판하기를 즐겨서, 목숨을 건 결투를 신청받기도 했어. 백범 김구 선생은 화를 주체하지 못하고 툭하면 싸움을 하기도 했고, 나폴레옹은 해군학교 시절 51명 중 42등으로 졸업했어. 아이폰을 처음 만든 스티브 잡스는 너무 거만해서 자기가 만든 회사에서 쫓겨나기도 했지. 이런 유명한 사람들도 약점을 다 가지고 있어. 그럼에도 불구하고 사람들이 그들을 존경하는 이유는, 그런 약점들에도 불구하고 그들이 자신의 재능을 잘 개발했기 때문이야.

우리는 보통 약점을 보완해야 발전한다고 생각하지만, 사실 약점보다 더 중요한 건 강점이야. 잘 못하는 것을 보통 수준으로 만드는 것보단, 잘하는 걸 아주 잘하는 수준으로 만드는 게 더 낫다는 이야기야.

네 재능은 무엇이니? 다른 친구들과 비교했을 때 특별히 노력하지 않았는데도 제법 잘하게 된 게 있니? '난 특별한 재능이 없는데…' 혹시 이런 생각이 들더라도 걱정할 필요 없어. 왜냐하면 재능이라는 건 사람들이 생각하는 것처럼 거창한 능력이 아니거든.

재능은 한마디로 '행동, 감정, 생각이 나도 모르게 반복되는 것'이라고 할 수 있어. 예를 들어 삼촌은 어렸을 적 자동차 번호판을 보면 나도 모르게 그 숫자들을 이리저리 돌려 등식을 만들었어. 예를 들어 4312라는 차의 번호판을 보면 '4×3=12'가 된다고 속으로 좋아했던 것이지. 삼촌도 몰랐는데 삼촌은 숫자를 가지고 놀기 좋아했어. 어떤 친구는 자기도 모르게 온종일 노래를 흥얼거리기도 하고, 또 어떤 친구는 다른 친구들이 어떤 생각을 하고 있는지 잘 느끼기도 하지. 또 어떤 친구는 재미있는 이야기를 언제, 어떻게 해서 친구들을 '빵 터뜨릴지' 고민하기도 해. 이런 모든 습관적인 행동들의 중요한 점은 '자기도 모르게 반복적으로' 일어난다는 것이야. 이런 별것 아닌 반복적인 것을 잘 개발하면 재능이 되고 강점이 되는 거야.

　재능은 특별한 게 아니야. 재능은 볼품없는 씨앗과 비슷해. 남들과는 달리 내가 반복적으로 무언가를 하고 있다면, 그것이 재능일 가능성이 많아. 재능을 특별한 것이라고 생각하니까 그것을 발견하기 더 어려운 거야. 네 하루를 자세하게 관찰해 보렴. 그 속에 위대한 씨앗이 숨어 있을 거야.

재능이 없을지도
모른다는 두려움

3장

Q 성공하는 사람들의 이야기를 들을 때마다 대단하다는 생각을 하면서 한편으로는 제 자신이 초라해지기도 해요. 솔직히 저는 아무것도 잘하는 게 없고, 앞으로 뭘 잘하게 될지도 모르겠어요. 제게도 정말 특별한 재능이 있을까 걱정이 많아요.

소녀가 할아버지에게 자신이 직접 쓴 소설을 건넨다. 흔들리는 눈동자 속에 두려움이 일렁인다. 눈물이 그렁그렁한 채 소녀는 기다릴 테니 지금 당장 읽고 평을 해 달라고 애원한다. 할아버지는 책상에 앉았고, 소녀는 쪼그리고 앉아 무릎에 고개를 묻는다. 몇 시간이나 흘렀을까? 할아버지가 떨고 있는 소녀에게 다가가 나지막이 말한다.

"시즈크, 잘 읽었다. 아주 좋았단다."

"거짓말! 거짓말이죠! 사실을 말씀해 주세요! 쓰고 싶은 것이 뒤죽박죽이에요. 후반은 엉망진창이고! 저도 알고 있는걸요!"

"그래, 거칠고 솔직하고 미완성이고…, 마치 세에지의 바이올린 같았어. 하지만 네가 막 떼어 내기 시작한 보석의 원석을 뚝뚝히 봤단다. 열심히 잘했다. 조급할 건 없어. 시간을 두고 열심히 연마하면 된다."

"저… 쓰고 나서 깨달았어요. 쓰고 싶다는 마음만으로는 안 된다는 걸…."

홀쩍이며 겨우 말을 잇던 소녀가 결국 목 놓아 울음을 터뜨린다. 할아버지는 말없이 소녀의 등을 토닥거린다.

영화 〈귀를 기울이면〉의 이 장면은 삼촌 가슴에 깊이 박혀 있어. 삼촌은 소녀의 눈물을 이해하고 공감할 수 있어. 왜냐하면 삼촌 역시 언제나 그런 마음이었으니까. 언젠가 삼촌이 늘 '사부님'이라 불렀던 삼촌의 스승, 구본형 선생님에게 애원하듯 물었던 적이 있었어. KAIST를 졸업하고 사람들을 가르치는 일을 시작할 때였지.

"사부님, 정말로 제게 재능이 있을까요? 제가 그저 사부님 흉내를 내고 있는 것은 아닐까요?"

그때 사부님은 사뭇 진지한 표정으로 "그럼, 아주 잘할 사람이지."라고 짧게 대답하셨어. 그런데 이상하지? 가장 존경하는 분에게 인정을 받았는데, 기쁘지 않은 거야. 사실 믿을 수 없었어. 선생님이 삼촌이 상처받을까 봐 배려해서 그렇게 말씀해 주셨다고 생각했거든. 결국 그렇게 부정적으로 생각해 버릴 것을 왜 여쭈어 보았는지 모르겠어.

삼촌은 그때 강의를 막 시작하던 시기였어. 내향적인 성격 탓에 늘 긴장하곤 했었지. 유명한 강사들의 강의를 보면서 어쩌면 강의는 외향적인 사람들의 몫이라는 생각을 자주 하기도 했어. 급작스러운 상황에도 너무나 재치 있게 대처하는 강사의 모습이, 자기소개를 하는 데에도 몇 번씩이나 리허설을 해야 하는 내 모습과 너무나 대비되었거든.

재능이 없을지도 모른다는 두려움, 그건 어쩌면 갈 길을 찾지 못해 느끼는 불안함보다 더 큰 고통일 거야. 애당초 꿈을 찾지 않았다면, 꿈을 시작하지 않았다면 없었을 고통이니까 더 아프지. 삼촌은 꿈을 찾으면 고민의 많은 부분이 해결되리라 생각했어. 그런데 오히려 꿈을 이뤄 가는 과정에서, 두려움이라는 새롭고 잔인한 고통이 시작되었어. 내 길이라 믿었던 곳에서 저만치 앞서 달려 나가는 사람들을 보게 될 때, 그 두려움은 극에 달했지.

그런데 그거 아니? 삼촌이 두려웠던 '진짜 이유'는 재능이 없을지도 모른다는 것 때문이 아니었다는 걸 말이야. 삼촌은 나중에서야 내가 정말로 두려웠던 이유는 '간절함' 때문이었다는 걸 알게 되었어. 유명한 강사들처럼 강의를 잘하고 싶은 간절한 마음 말이지.

생각해 보렴. 삼촌이 '정말 잘하고 싶다'는 마음이 없었다면 강의를 별로 두려워하지도 않았을 거야. 그저 남들처럼 적당히만 하면 된다고 생각하고 편안하게 했겠지. 강의를 망친다고 해도 '아쉽지만 좋은 경험 했다'고만 생각했을 거야. 그런데 두렵고 불편한 이유는 그 일을 정말 좋아하고 최고를 기대했기 때문인 거지.

결국 삼촌이 두려워했던 진짜 이유는 그 일을 '아주 잘하고 싶어 하는 마음' 때문이었어. 삼촌이 재능을 의심했던 진짜 이유 역시 최고의 강의를 기대하기 때문이었고. 무슨 말인지 알겠니? 두려움이 있다는 건 그만큼 간절하다는 의미야. 그리고 어떤 일에 간절하다는 건 그 일을 열심히 할 준비가 되어 있다는 것, 즉 재능이 있다는 것이지.

나침반의 바늘 끝을 한번 보렴. 멈추어 있는 듯 보이지만 자세히 들여다보면 바늘 끝은 언제나 미세하게 떨고 있어. 바늘의 끝이 떨림을 멈추었다면 그 나침반은 버려야 해. 고장 난 것이거든. 수명을 다하기까지 떨림을 멈추지 않는 나침반처럼, 자기의 방향을 찾아가는 사람에게도 떨림은 멈추지 않을 거야. 두려움은 어쩌면 그림자처럼 따라다니는 운명인 거지.

그러니 두렵다는 이유로 재능이 없는 것은 아닌지 의심하는 것을 멈추자. 오히려 재능이 있기 때문에, 그 일에 대한 애착이 강하기 때문에 두려울 수 있는 거니까. 그리고 비록 지금은 두렵지만 역설적이게도 그 두려움 뒤편의 간절함이 우리에게 '두려워도 앞으로 나아가게 하는 힘'을 준다는 걸 알아야 해.

암브로스 레드문(Ambross Redmoon)이라는 사람은 "용기란 두려움이 없는 상태가 아니라, 다른 무엇이 두려움보다 더 중요하다고 판단한 것일 뿐이다."라고 했어. 그러니 두렵다면 그 두려움의 원인을 정확히 바라보고 두려움을 안고 갈 수 있는 용기를 내야 해. 그 일을 더 열심히 해보는 거지. 두려움의 정면으로 똑바로 걸어 들어가 그 속에서 중요한 무언가를 발견해야 해. 두려움보다 중요한 어떤 것을 발견할 수 있다면 넌 이미 용기 있는 사람이야.

기억하렴. 별을 보려면 어둠이 꼭 필요한 것처럼 밤이 있어야 별이 빛나고, 두려움이 있어야 꿈이 빛나는 거야. 너무나 간절한 꿈에겐 두려움이라는 친구가 있다는 걸, 그리고 그 친구가 네가 재능을 발휘하도록 늘 돕고 있다는 걸 기억해.

재능 발견법 ①
다중지능 검사

—

4장

Q 삼촌 말을 들으니 조금은 용기가 생기는데요, 어떻게 제가 가진 재능을 발견할 수 있나요? 구체적인 방법이 있다면 도움이 될 것 같아요.

〈TV 동물농장〉에 출연해서 많은 사람의 눈물을 훔쳤던 하이디 라이트(Hidy Wright)의 직업은 놀랍게도 애니멀 커뮤니케이터, 즉 '동물과 이야기하는 사람'이다. 그녀는 미국에서 경찰관으로 일하던 시절 야생동물 보호활동으로 동물과 인연을 맺었다. 은퇴 후 동물과 교감하는 능력에 대해 공부를 하면서 이제는 동물의 말을 알아듣고, 다친 마음을 치료하는 전문가로 활동하고 있다.

한국을 찾은 하이디는 2년 동안 옥상 아래로 절대 내려오지 않았던 삽살개 하늘이와 대화를 하다가, 하늘이가 어린 시절 홍채 검사를 위해 대학 연구실에서 실험용으로 학대받았던 과거가 있음을 알게 된다. 하이디의 도움으로 가족들은 비로소 그 사실을 알게 되었다. 하늘이는 아무도 몰랐던 자신의 아픔을 가족들이 알아주는 것만으로도 변화를 보이기 시작했다. 한 발자국도 내려가지 못했던 하늘이가 스스로 계단을 내려와 바닥을 밟기 시작했던 것이다. 하늘이는 곧 가족과 산책도 나가게 되었다.

하이디는 또 4년째 주인을 향해 분노에 찬 공격을 해 왔던 고양이 미오의 행동이 사실은 분노가 아니라 주인이 자신을 내쫓을지도 모른다는 두려움과 불안감 탓이라는 것을 밝혀낸다. 주인이 하이디의 말대로 미오에게 끊임없이 애정을 표현하기 시작하고서 한 달 후, 미오에게서는 경계의 눈빛이 사라졌다.

하이디는 시각, 청각, 후각 등 다양한 방법을 통해 얻은 정보를 종합해 동물들의 감정 상태를 파악한다. 그녀는 수많은 동물들과 반려 가족의 마음을 치유하고 있다.

"쫑·삼촌" 처음 하이디의 영상을 보았을 때 삼촌은 말도 안 되는 일이라고 생각했어. 그런데 유튜브에서 찾아보니 여러 나라에서 여러 동물들을 대상으로 하이디가 대화한 영상들이 나오더라. 모두 놀라운 장면이었지. 꼭 한번 찾아서 보렴.

하이디는 어떻게 동물들의 말을 알아듣고, 이야기를 건넬 수 있는 걸까? 연구를 해 보니 하이디는 보통의 사람보다 '자연친화 지능'이 높기 때문이래. 이게 뭔지 아니? 한마디로 동물들과 대화를 나눌 수 있는 능력이라는 거지. 우리가 학교에서 측정하는 IQ 검사는 우리 능력의 아주 조그만 부분만 나타낼 뿐이야. '다중지능'이라고 불리는 이 이론에 따르면 우리의 지능은 이런 기억력이나 계산능력 말고도 사람들과 친하게 잘 지내는 지능, 자기를 돌아볼 줄 아는 지능, 소리를 잘 듣고 구분할 수 있는 지능 등 다양한 지능이 있다는 거야.

다중지능 이론은 사람의 뇌에 대한 연구에서 출발했어. 뇌를 다친 사람들을 연구해 보니, 뇌의 부위마다 작동하는 방식이 다르다는 걸 알게 된 거지. 그리고 그 부위들을 바탕으로 사람의 지능을 8가지로 분류한 거야. 지능의 이름을 한번 볼래?

논리수학 지능	언어 지능	공간 지능	인간친화 지능
자기성찰 지능	신체운동 지능	음악 지능	자연친화 지능

이름만 봐도 대략 어떤 걸 나타내는 지능인지 알겠지? 아마 자기성찰 지능과 자연친화 지능만 빼고는 대략 알 수 있을 거야. 각각에 대한 설명은 잠시 후에 할게.

동물의 감정을 읽어 내는 하이디처럼, 네게도 특별한 재능이 있어. 어떻게 알 수 있느냐고? 정확하지는 않지만 간단하게 테스트를 해 볼 수 있는 방법이 있지. 다음에 나오는 질문들에 솔직하게 대답해 볼래? 삼촌이 왜 '솔직하게'를 강조하느냐 하면, 솔직하게 답할수록 정확한 결과를 얻을 수 있기 때문이야. 중요한 건 내가 그렇게 되길 '바라는 모습'이 아니라 '나한테 가장 자연스러운 모습'을 기준으로 체크해야 한다는 거야. 어떤 게 자연스러운 모습인지 헷갈리면, 어린 시절을 생각해서 가장 어울리는 문장에 체크하렴. 무슨 말인지 알겠지? 자, 그럼 한번 테스트 해 볼까?

다음에 나오는 다중지능 검사지 72개의 질문에 답해 보렴. 보통 3(보통)으로 답하는 경우가 많은데 확실한 건 1(매우 그렇지 않음)이나 5(매우 그림)로 표시해야 결과를 뚜렷하게 볼 수 있단다.

다중지능 검사지

1. 전혀 그렇지 않다. 2. 별로 그렇지 않다. 3. 보통이다. 4. 대체로 그렇다. 5. 매우 그렇다.

질 문	점수(1~5점)
1. 국어 시간이나 글쓰기 시간을 좋아한다.	
2. 계산 문제를 대하면 재빠르게 암산하는 편이다.	
3. 그림을 그릴 때 원근감이나 사물들 간의 배치, 색깔, 전체 균형감을 잘 살려 그린다.	
4. 노래의 멜로디를 잘 기억하는 편이다.	
5. 다른 사람의 몸짓이나 특징을 잘 흉내낸다.	
6. '왕따'와 같은 학급문제가 왜 발생하고, 그 해결책은 무엇인지 알고 있다.	
7. 나의 장점과 단점을 잘 알고 있다.	
8. 길을 가다가도 곤충이나 식물을 잘 보는 편이다.	
9. 글을 읽을 때 문법적으로 어색한 문장이나 단어를 잘 찾아낸다.	
10. 다른 사람의 말 속에서 비논리적인 점을 잘 찾아낸다.	
11. 내 방이나 학급게시판을 꾸밀 때, 어떤 재료를 사용해야 하고, 어떻게 배치해야 할지를 잘 안다.	
12. 다른 사람과 노래할 때 자연스럽게 화음을 넣을 수 있다.	
13. 뜨개질, 조각, 조립과 같이 섬세한 손놀림이 필요한 활동을 잘할 수 있다.	
14. 다른 사람들로부터 다정다감하다는 소리를 듣는다.	
15. 내가 잘못한 일이나 실수를 반성한다.	

16. 나무나 동물들의 이름을 잘 아는 편이다.

17. 글을 조리 있고 설득력 있게 쓴다는 말을 자주 듣는다.

18. 다양한 수학공식들과 그 의미를 잘 알고 있다.

19. 만들기나 그림 그리는 것을 좋아한다.

20. 혼자 노래를 부르거나 흥얼거릴 때가 있다.

21. 만들기를 할 때 비교적 손놀림이 민첩하고 정교하다.

22. 다른 사람의 기분을 잘 알 만큼 눈치가 빠르다.

23. 미래에 이런 사람이 되어야겠다는 뚜렷한 신념이 있다.

24. 동물의 표정이나 감정상태를 잘 알아낸다.

25. 내 생각을 글로 잘 표현할 수 있다.

26. 도형 문제를 잘 풀 수 있다.

27. 미술 작품, 조각 감상하는 것을 좋아한다.

28. 방과후 활동으로 합창반이나 기악반, 음악 감상반에 들고 싶다.

29. 몸을 움직이는 활동을 좋아한다.

30. 다른 사람의 기분이나 감정을 잘 파악하고 적절하게 대처한다.

31. 스스로 반성하고 점검하며, 앞으로의 생활을 계획하는 일들을 좋아한다.

32. 동물이나 식물을 돌보고 가꾸는 등 동식물과 관련된 직업을 갖고 싶다.

33. 농담이나 이야기를 친구들에게 실감 나게 이야기하는 편이다.

34. 수학, 과학 과목을 다른 과목보다 더 좋아하며 성적도 높은 편이다.

35. 사진이나 그림책 보기를 좋아한다.

36. 악보를 보고 계이름으로 부를 수 있다.

37. 어떤 운동이라도 몇 번만 해 보면 잘할 수 있다.

38. 나는 친구들에게 인기가 많은 편이다.

39. 위인전을 읽고 그 사람의 삶에서 배울 점을 찾는 것을 좋아한다.

40. 동식물이나 특정 사물이 갖는 특징을 분석하기를 좋아한다.

41. 다른 사람이 하는 말의 핵심을 잘 파악한다.

42. 암기할 때 무작정 외우기보다는 논리적으로 이해하여 암기하는 편이다.

43. 지도를 보고 목적지에 잘 찾아갈 수 있다.

44. 악보를 보면 그 곡의 멜로디를 어느 정도 알 수 있다.

45. 운동신경이 좋아 새로운 운동을 쉽게 배운다.

46. 상대가 친구든 선생님이든 전반적으로 누구하고나 잘 지낸다.

47. 지금 내 미래의 모습이나 직업을 위해 준비하고 있는 것이 있다.

48. 산이나 바다로 여행하는 것을 좋아한다.

49. 나는 독서를 좋아한다.

50. 어떤 문제가 생기면 성급하게 결론을 내리기보다는 원인을 밝히려고 한다.

51. 어림짐작으로도 길이나 넓이를 비교적 정확히 알아맞힌다.

52. 어떤 곡을 들으면 그 곡의 박자와 음을 알 수 있다.

53. 평소에 신체활동이 많은 놀이를 좋아한다.

54. 친구의 고민거리를 들어 주거나 해결해 주는 것을 좋아한다.

55. 평소에 나의 능력이나 재능을 계발하기 위해 노력한다.

56. 식물을 돌보거나 물주기를 좋아한다.

57. 또래 친구들보다 어휘력이 풍부한 편이다.

58. 어떤 일의 원인이나 이유를 밝히는 것이 재미있다.

59. 입체물(레고 쌓기, 찰흙으로 만들기)을 잘 만든다.

60. 다른 사람이 연주하거나 노래하는 것을 들으면 어떤 점이 부족한지를 알 수 있다.

61. 평소에 적어도 한 가지 이상의 운동을 배우려고 노력한다.

62. 다른 사람의 잘못을 이해하고 잘 참는 편이다.

63. 혼자 있는 시간이 편안하고 즐거우며, 혼자서 놀이나 공부를 잘한다.

64. 아름다운 경치를 보고 감동을 느낀다.

65. 책을 읽고 내용을 잘 이해하는 편이다.

66. 장기, 바둑, 체스 등 머리를 쓰는 게임을 좋아한다.

67. 어떤 물건이든 한두 번만 보면 비슷하게 그릴 수 있다.

68. 어떤 악기라도 그 연주법을 비교적 쉽게 배운다.

69. 오래달리기와 같이 지구력이 필요한 운동을 잘한다.

70. 모둠 활동에서 앞장서서 이끄는 역할을 하는 편이다.

71. 혼자서 과제 해결을 잘하는 편이다.

72. 애완 동물을 잘 돌보고 꼭 키우고 싶다.

자, 다 되었니? 그럼 아래 칸의 해당 번호에 점수를 옮겨 적어 보렴.

그리고 그렇게 적은 답안들에 나와 있는 숫자들을 세로로 다 더해서 맨 아래 칸에 총합을 적어 볼까?

A	B	C	D	E	F	G	H
1	2	3	4	5	6	7	8
9	10	11	12	13	14	15	16
17	18	19	20	21	22	23	24
25	26	27	28	29	30	31	32
33	34	35	36	37	38	39	40
41	42	43	44	45	46	47	48
49	50	51	52	53	54	55	56
57	58	59	60	61	62	63	64
65	66	67	68	69	70	71	72
세로 항목별 총계							
언어	논리수학	공간	음악	신체운동	인간친화	자기성찰	자연친화

이제 결과를 한번 보자. 나와 있는 숫자들을 훑어보렴. 어느 지능이 가장 높게 나왔니? 두 번째와 세 번째로 높게 나온 건? 가장 낮은 지능은 무엇이지? 어때, 네가 예상하던 것과 비슷하게 나왔니? 아직 각각의 지능들이 어떤 의미인지 모르겠다고? 그래서 준비했지. 부록을(212~219 쪽) 펼쳐 봐. 이 각각의 지능들에 대한 설명이 적혀 있을 거야. 네가 가장

높게 나온 지능 중에 가장 높은 점수 3개를 골라 설명을 읽어 볼 건데, 가능하면 볼펜을 들고 밑줄을 치면서 읽도록 하자. 나를 잘 설명해 주는 문장에는 밑줄을 그으면서 말이야. 아래처럼 말이야.

• 인간친화 지능(interpersonal intelligence)

이것은 다른 사람들과 교류하고 이해하며, 그들의 행동을 해석하는 능력을 가리킨다. 즉, 다른 사람의 기분이나 동기, 바람을 잘 이해하고 그에 적절하게 반응할 수 있는 능력이다. 대인 관계를 잘 이끌어 가는 사람들은 대부분 인간친화 지능이 높다. 이 지능이 뛰어난 사람은 친구를 많이 사귀고 흔히 '마당발'로 불린다.

밑줄을 다 그었니? 이제 한번 생각해 보자. 왜 나는 하필 그곳에 밑줄을 그었을까? 여러 가지 이유가 있겠지만 아마도 그 문장과 연관된 경험이 있기 때문인 경우가 많을 거야. 예를 들어 삼촌은 사람들의 이야기를 잘 들어 주고 고개를 끄덕여 주는 편이야. 그래서 친구들이 고민이 있을 때 삼촌을 자주 찾아오곤 하거든. 밑줄을 치다 보니까 이런 경험들이 떠오르지 않니? 이제 그 경험들을 정리해 볼 거야. 한 친구가 정리한 내용을 참고하렴.

나의 재능	그 재능이 발휘된 사례
인간친화 지능	1. 수업시간 중에 기분이 나빠 보이는 친구에게 웃긴 말과 위로가 담긴 쪽지를 전해 주어 기분을 풀어 주곤 한다. 2. 유치원 운영하시는 선생님을 도와드리러 유치원에 가서 아이들과 놀아주고 공부도 도와주었는데, 아이들의 마음을 잘 알아차려서 수업과 놀이가 원활하게 진행되었다. 3. 나는 친구가 많아서 친구들에게 '마당발'로 불린다.

이제 좀 더 구체적이 되었지? 이게 바로 너의 재능에 관한 힌트야. 이 힌트들을 붙잡고 계속 관찰해 보는 거야. '이것과 비슷하게 내가 또 잘할 수 있는 게 뭐지?'라고 말이야. 일기를 매일 쓰는 편이라면, 소설이나 수필 같은 글을 써 보면 어떨까? 내 이야기를, 다른 사람 이야기인 것처럼 꾸며서 말이야. 이렇게 연결해서 생각을 넓혀 가다 보면 어느 날 진짜 기가 막힌 재능을 발견하게 되지.

요리를 즐겨 하던 삼촌은 요리를 하다가 그 재능을 발견했어. 어느 날 어머니께서 '베트남쌈'이라는 요리를 해 주셨어. 각종 야채들과 닭고기를 쌀로 만든 얇은 떡에 싸 먹는 거 말이야. 태어나서 처음 먹는 음식이었는데 이게 너무 맛있는 거야. 그래서 이걸 한번 내가 만들어 봐야겠다, 하고 생각했지. 그 순간 어떤 일이 일어났는지 아니? 머릿속에 그림들이 지나가는 거야. 어떤 재료들을 어디 가서 사고, 요리를 할 때는 무엇부터 익혀서 어떻게 소스를 만들고, 등등 요리하는 과정이 하나부터 열까지 머릿속에 획획 지나가는 거지. 그때 우연히 삼촌의 재능을 알게 되었어.

삼촌은 무슨 일을 하기 전에 머릿속에 그 일을 어떤 순서로 어떻게 해야 하는지 순서도가 머릿속에 그려져. 참 별거 아닌 재능이지? 요리하기 전에 어떤 순서로 할지 미리 알게 되는 게 뭐가 그리 대단한 재능이겠어. 그런데 베트남쌈을 먹으면서 삼촌의 재능에 대해 알고부터는 이상한 일이 일어나는 거야. 삼촌이 글을 쓰거나 강의를 하게 되면 머릿속에 무슨 내용을 어떤 순서로 말해야 하는지가 휘리릭 지나가는 거지. 그걸 놓치지 않고 빨리 노트에 옮겨 적어야 해. 안 그러면 금세 날아가 버리거든. 지금 쓰고 있는 이 글도 그렇게 적은 거란다. 무엇부터 이야기할지 흐름을 딱 잡아 놓고 살을 붙이는 거지. 그럼 글이 술술 풀려 나가기 시작해. 재미있지? 이게 바로 재능을 발견해 가는 기쁨이란다. 재능을 찾는 과정은 아주 재미있어. 다만 시간이 조금 오래 걸리지.

참 안타까운 건, 이 8가지의 지능 중에서 학교에서 측정되는 건 기껏해야 언어 지능과 논리수학 지능에 불과하다는 거야. 왜냐하면 이 두 가지 지능은 측정하기가 쉽거든. 그 밖에 인간친화 지능, 공간 지능, 자연친화 지능 등은 점수화하기가 어려워.

입시 위주의 교육제도가 문제인 것은 단지 측정하기 쉽다는 이유로 그 두 가지의 지능만을 평가하느라 나머지 6가지의 지능들을 묻어 버리는 데 있다고 삼촌은 생각해. 상위 5%, 내신 1등급 식의 평가를 봐. 이렇게 사람들을 한 방향으로 줄 세우는 건 원숭이의 능력을 수영으로 평가하고, 물고기의 능력을 나무타기로 평가하는 것과 마찬가지야. '우리는 모두 천재로 태어난다.'는 아인슈타인의 말처럼 우린 다 다른 재능을 가지고 태어났는데 어떻게 그걸 일렬로 세울 수가 있겠어?

이런 편협한 잣대 속에서 오늘도 청소년들은 매정하게 평가받으며 무능한 자신을 향해 끊임없이 자책하고 있을지 몰라. 그런데 삼촌이 말할게. 그건 너희들 탓이 아니야. 평가가 잘못된 것일 뿐. 이렇게 청소년들을 '평가'하는 방법은 황금알만을 얻기 위해 다이아몬드를 낳는 거위들을 모조리 죽이는 것이나 다름없어.

그러니 학교에서 네 재능을 찾을 수 있을 것이라 기대하지 않았으면 해. 학교 공부만큼이나 중요한 것은 나머지 6가지의 재능을 실험해 볼 수 있는 여러 경험과 공간, 그리고 자기 자신을 돌아보는 거야. 재능은 결국 내가 발견해야 하는 거야. 천재적인 재능을 타고나지 못한 건 슬픈 일이 아니야. 있는 재능을 찾지 못하는 게 진짜 슬픈 일이지.

재능 발견법 ②
성격 유형 검사(MBTI)

5장

Q 얼마 전에 학교에서 성격 검사를 했는데 족집게같이 저를 알아맞히는 것 같아 신기했어요. 친구들의 성격이 다 다르다는 것도 알게 되었고요. 이런 성격도 재능과 관련이 있나요?

초 등학교 교실, 선생님이 아이들에게 질문을 했다.

"얼음이 녹으면 어떻게 될까요?"

아이들이 대답했다.

"얼음물이요."

"그냥 물이요."

"컵에 이슬이 맺혀요."

구석에서 한 아이가 수줍은 듯 대답했다.

……

"봄이 와요."

얼음이 녹으면 봄이 온다니, 참 감성적인 친구지? 잘 보렴. 분명 선생님의 질문은 하나였는데 생각하는 방식이 다 다르지? 어떤 친구는 '얼음물'이라는 사실을 생각했고, 어떤 친구는 '컵 이슬'이라는 현상을 설명했어. 반면 꼬마 시인은 그걸 '봄'이라는 계절과 연결시켰구나.

사소한 질문 하나에도 이렇게 대답이 다른 이유는 사람들의 타고난 성격이 다르기 때문이야. 논리적으로 생각하길 좋아하는 사람이 있는 반면, 자유롭게 상상하며 그림 그리길 좋아하는 사람이 있지. 친구들과 함께 어울릴 때 행복한 사람이 있는 반면 혼자서 놀거나 조용히 책을 읽을 때 에너지를 느끼는 사람도 있어. 시험 보기 전에 미리 공부 계획표를 짜야 마음이 편한 사람이 있는 반면, 계획을 세워 두고도 중간에 변경을 많이 하는 사람도 있지. 사람들의 이런 경향성을 '성격'이라고 불러. 이 성격 또한 타고나는 것이기 때문에 재능의 한 종류라 볼 수 있어.

여러 가지 성격 검사가 있지만, 이 중 MBTI라는 검사가 가장 신뢰성이 높은 검사 중 하나야. 사실 심리학자들이 아주 오랫동안 연구한 이론이라 대단히 복잡하지만, 삼촌이 아주 간단하게만 설명해 주어도 네 재능을 발견하는 데는 어려움이 없을 거야.

MBTI는 사람의 성향을 총 네 가지의 영문 글자로 나누어. ISFJ, ENTP, INFJ 하는 식이지. 여기 나오는 네 가지의 글자는 순서대로 각각 '에너지의 방향', '정보를 인식하는 방법', '결정을 내리는 방법', '생활하는 방식'을 의미해. 조금 어렵지? 다음에 나오는 표를 보면 조금은 쉽게 이해가 될 거야.

E(외향)	에너지의 방향	I(내향)
'나'라는 사람 바깥에 있는 사물이나 사람에게 관심을 둔다	"나는 주로 어디에 관심을 두고 에너지를 쓸까?"	내 안에서 일어나는 생각이나 감정에 주로 관심을 둔다
S(감각)	정보의 인식	N(직관)
내가 직접 경험한 것을 바탕으로 사실을 인식한다	"나는 주로 어떤 방식으로 정보를 알아보고 기억할까?"	막연한 느낌이나 예감과 같은 '감'에 의해 정보를 인식한다
T(논리)	판단과 결정	F(감정)
내가 논리적으로 생각해서 얻은 것을 바탕으로 결정한다	"나는 주로 어디에 초점을 두고 결정을 내릴까?"	내가 감정적으로 끌리는 것을 바탕으로 결정한다
J(계획)	생활하는 방식	P(수용)
체계적으로 계획하고 빨리 판단하고 결정하여 추진한다.	"나는 주로 어떤 방식의 생활을 지키려고 하는가?"	그때그때 상황에 맞추어서 유연하게 변화하며 적응한다.

위의 표를 보면 알겠지만 MBTI는 네 가지의 질문에 대해 서로 반대되는 두 개의 문자 중 하나를 고르는 식이야. 예를 들어, 내가 주로 어디에 관심을 두느냐에 따라 외향(E) 또는 내향(I)으로 나누고, 내 생활 방식에 따라 계획적(J)인지 수용적(P)인지로 나누지. 이런 식으로 각각의 질문(4가지 질문)에 대해 자기에게 더 가까운 쪽의 글자를 고르면 총 4개의 영문자로 자신의 최종 성향을 알 수 있게 되지. MBTI는 총 16가지의 유형으로 사람을 구분한단다. 16가지 유형과 유형 설명은 부록 3에 나와 있어.

위의 표를 보면서 네가 어떤 유형에 속하는지 짐작할 수 있겠니? 설명이 부족해서 짐작하기 조금 어려울 거야. 부록 2에 있는 8가지 선호 지표에 대한 자세한 설명을 한번 죽 읽어 보면 좀 더 쉽게 짐작할 수 있을지도 몰라. 부록을 보면서 MBTI 유형을 스스로 생각해 보렴. 꼭 기억할 것은 이 책에는 정식 검사지가 없기 때문에 네 성격 유형을 제대로 검사하고 싶다면 한국 MBTI 연구소에서 실시하는 MBTI(고등학생 대상)나 MMTIC(중학생 대상) 검사를 해 볼 것을 권해. 133쪽에 나와 있는 연락처로 연락을 하면 자세하게 검사하는 방법을 안내받을 수 있을 거야.

그런데 MBTI 검사를 할 때 주의할 게 있어. 이건 네 성격에 어떤 '문제'가 있는지 없는지를 확인하는 검사가 아니라는 거야. 우리는 가끔 "쟤는 성격이 나빠. 성격이 이상해." 등의 이야기를 하지만, MBTI에서 말하는 성격은 좋고 나쁜 게 없어. 생각해 봐. 네 친구 둘이서 싸우는데 한 친구는 "세상에서 제일 맛있는 과일이 딸기야."라고 하고, 다른 친구는 "무슨 소리야. 수박이 최고야!"라며 싸운다면 너는 뭐라고 하겠어? 아마도 "야, 각자 좋아하는 게 다른 거지 그런 걸로 왜 싸워?"라고 말리지 않겠어? 성격도 마찬가지야. 좋고 나쁜 게 없고 그냥 모두 제각각의 성격을 가지고 있는 것뿐이야.

검사를 하면서 두 개 중 하나를 고르게 될 텐데, 그때 '어느 게 좋은 답이지?'라고 생각하지 마. 단지 '어느 게 나랑 더 잘 어울리지?'라고 묻고 네가 편안한 답을 고르면 돼. 알겠지? 앞의 다중지능 검사처럼 네가 바라는 모습이 아닌 네가 편안한 모습을 골라야 해. 네가 조금 내성적인 성격이라면, 너보다 친구가 많은 외향적인 친구들을 부러워할 수 있잖아? 그렇다고 해서 네가 바라는 '외향적'인 모습을 찍어서는 안 돼. 그

건 자신을 왜곡하는 일이니까. 네가 아닌 모습을 만들려고 해 봐야 스스로에게 상처를 줄 뿐이야. 오히려 네 성격을 제대로 알게 되면 너 자신을 좋아하게 될 테니 말이야. 삼촌도 성격이 정말 내향적이라 늘 외향적인 친구들이 부러웠는데, 지금은 내향적인 내 모습이 훨씬 좋아.

MBTI 검사를 통해 16가지 유형 중에 내가 어떤 유형에 속하는지 알게 되었다면, 앞에서 한 것처럼 책 부록(221~228쪽) 설명을 읽으면서 나와 잘 어울리는 문장에 밑줄을 긋고 경험을 정리해 보자. 이때 주의할 것은 글자 하나하나에 대한 설명도 읽고, 네 글자를 합친 설명도 읽어서 모두 경험을 정리해야 한다는 거야. 부록을 펼쳐서 네 경험을 뽑아 보렴.

분류	유형	내 긍정적인 경험
하나씩	내향(I)	· 글을 잘 쓴다는 이야기를 자주 듣는다 · 혼자 있을 때 심심하지 않다
	직관(N)	· 상상력이 풍부하고 창의적이다 · 미래에 대해 자주 생각하고 '그러면 어떻게 될까?' 하고 상상한다
	감정(F)	· 사람들을 잘 돌본다 · 편지를 잘 쓰고, 감동적인 이벤트도 잘한다
	판단(J)	· 약속시간을 잘 지킨다, 늘 10분 먼저 도착하는 편이다 · 정리정돈을 잘한다 · 항상 계획을 하고, 계획한 대로 일을 진행한다
합쳐서	INFJ	· 친구들이 상담하러 자주 온다. 고민을 잘 들어 준다 · 교회에 나가서 목사님 말씀을 들을 때 '나도 저렇게 사람들에게 감동을 주는 이야기를 할 수 있을 텐데'라는 생각이 든다 · 고집이 센 편이지만, 꼭 필요할 때 일을 밀고 나간다

이렇게 성격에서 재능을 정리할 때 조심해야 할 것이 하나 있어. 첫째는, 재능을 긍정적으로 보려고 해야 한다는 거야. 아까 말했지? 성격은 좋고 나쁜 게 없다고. 좀 더 정확히 말하면 자기가 어떻게 보느냐에 따라 다르다는 거야. 내가 긍정적으로 보면 재능이 되는 거고 부정적으로 보면 약점이 되지.

예를 들어 삼촌은 대단히 내향적인 성격이야. 사실 내향적이라는 건 그 자체로 좋다 나쁘다 말할 수 없지. 만일 내향성이 지나친 부끄러움이나 소심함으로 폐쇄성으로 발전하면 커다란 약점이 될 거야. 그런데 반대로 이 내향적인 특성이 삼촌의 내면에서 일어나는 생각을 잘 관찰해서 글로 정리해 낼 수 있는 에너지라는 걸 깨닫고 난 후부터 엄청난 재능이란 걸 알게 되었지.

성격이란 좋은 쪽으로 보면 재능이 되는 것이고, 부정적으로 보면 약점이 되는 거야. 그러니 재능을 발견하려고 검사를 해 놓고 기어이 뒤집어 약점을 보려고 하지 말자. 내가 아닌 사람이 되려고도 하지 말고, 내 안에 있는 좋은 걸 발견해서 그걸 극대화하는 데 집중하자. 남들보다 잘하려고 하기보다 남들과 다르게 할 수 있는 나만의 장점을 발견하는 거지.

MBTI(MMTIC) 소개

정식으로 성격 유형 검사를 받으려면?
한국 MBTI 연구소를 통해 정식으로 받을 것을 권한다.
한국 MBTI 연구소의 성격 유형 검사에는 MBTI와 MMTIC의 두 종류가 있다.

1) **MBTI**: 고등학생~성인 대상 검사. 총 16가지 유형으로 구분되며 각 유형별 특징과 선호 직업 등을 비교적 뚜렷이 구분하여 설명하고 있다. 언어 이해력에 따라 질문지가 비교적 어렵게 느껴질 수 있으므로 고등학생 이상에게 검사 받기를 권한다.

2) **MMTIC**: 초~중학생 대상 검사. 설문지와 결과지의 용어가 이해하기 쉬워 아동/청소년의 심리검사에 쓰인다. 또한 뚜렷하게 16가지 성향을 구분하는 MBTI와는 달리 MMTIC 결과지엔 '결정되지 않은(undetermined)'이라는 뜻의 U 부호가 나온다. 말 그대로 어느 방향으로 갈지 결정되지 않은 상태라는 걸 뜻한다. 발달 단계에 있는 학생들의 경우는 경향성이 잘 드러나지 않는 일이 많기 때문이다. MBTI 연구소의 전문가와 상담을 통해 유형별 특징과 학습 스타일, 전략 등을 상담 받을 수 있다.

더불어, 성격 유형 검사를 통해 서로 '다른 것'이 '나쁜 것'이 아니라는 사실을 알게 되는 경우가 많아 부모와 자식이 함께 검사를 받을 경우 부모-자식 간의 관계 개선에도 도움이 된다.

• 상담 신청: 한국 MBTI 연구소
  (051-741-3373, mbti@mbti.co.kr, http://www.mbti.co.kr)

재능 발견법 ③
자기 관찰법
—

6장

How2

Q 다중지능 검사나 MBTI 같은 도구는 좋긴 한데 너무 범위가 넓은 것 같아요. 전 신체운동 지능이 높게 나왔는데, 그럼 저는 야구를 해야 해요, 아님 축구를 해야 해요? 좀 더 구체적으로 자기 재능을 발견할 수 있는 방법은 없나요?

《K-POP 스타 시즌 2》의 방예담은 12살에 준우승을 했다. '국악 소녀' 송소희는 8살 때 〈전국노래자랑〉에 나가서 인기상을 받았고, 12살 때 다시 연말 결선까지 가서 대상을 받았다. 〈강남 스타일〉로 유명한 춤 신동 '리틀 싸이' 황민우는 출연 당시 8살에 불과했다. 유튜브 '1억 조회수'를 달성한 기타 천재 정성하는 당시 나이 10살에 불과했다. 〈놀라운 대회-스타킹〉의 신동 3총사인 어쿠스틱 기타신동 이강호, 탭댄스 신동 이준서, 드럼 신동 조윤식 역시 9살에서 11살 사이의 나이였다. 이런 '천재'들의 공통점이 뭘까? 나이가 어리다는 것 말고 공통점이 없을까?

재미있는 공통점은 이들 대부분이 노래하고 춤추고, 악기를 다루는 등의 '예체능' 분야의 강자라는 사실이다. 머리를 쓰는 분야보다는 몸을 쓰는 분야가 압도적으로 많다. 왜 그럴까? 왜 머리를 쓰는 분야에서는 '신동'의 숫자가 적은 걸까? 왜 천재 소설가라든가 천재 화학자, 천재 강연가 등의 수식어는 아이들에게는 거의 찾아볼 수 없는 걸까? 왜 어릴 적부터 두각을 나타내는 신동들은 대부분 몸을 쓰는 것과 관련이 있을까?

한번 생각해 볼 만한 질문이지? 이 질문에 답하기 전에 이걸 먼저 생각해 보자. 삼촌 말대로 누구에게나 재능이 있다면, 왜 많은 사람이 자신의 재능을 알아차리지 못하는 걸까? 심지어는 어른들조차 평생 자기 재능이 무엇인지 모르고 살아가기도 하는데 말이야. 왜 그럴까? 왜 사람들은 자기 안에 있는 재능을 알아보지 못하는 걸까? 여기에는 적어도 두 가지 이유가 있어.

첫 번째는 우리가 재능을 거창한 것으로 생각하기 때문이야. 재능은 특별한 게 아니라 그냥 자기도 모르게 반복하고 있는 생각, 행동, 감정이야. 그런데 우리는 마치 재능은 신동이라 불리는 사람들이나 가지고 있는 특별한 것이라 여기는 것이지.

그런데 이것보다도 더 중요한 이유가 있어. 우리가 재능을 알아차리지 못하는 이유는 "왜 대부분의 '신동'들이 예체능 쪽일까?"라는 질문과 관련이 깊지. 왜냐하면 예체능 쪽을 제외한 재능 대부분이 우리의 '뇌속'에서 일어나기 때문이야. 잘 생각해 봐. 숫자 암산을 잘하거나, 친구들의 감정을 잘 파악하거나, 어떻게 이야기할지 계속해서 생각하는 건 다 우리의 머릿속에서 일어나는 일이잖아. 머릿속에서 일어나니까 다른 친구들과 직접 비교해서 볼 수가 없지. 내가 어떤 생각을 하는지 친구들이 알 수 없고, 반대로 친구들의 생각을 내가 알지도 못해.

그러다 보니 내 재능이 나에게는 너무 익숙해서 다른 사람도 그 정도는 할 거라고 짐작하는 거야. 예를 들어 앞서 삼촌이 자동차 번호판 이야기를 한 적 있지? 그때 삼촌은 삼촌뿐만 아니라 다른 친구들도 자동차 번호판을 보면 숫자를 가지고 계산을 할 거라 생각했어. 그게 뭐가 그리 대단한 재능이겠어? 그런데 나중에 알고 보니 그건 삼촌만 하고 있었던 삼촌만의 재능인 것이더라고.

그래서 머릿속의 재능을 발견하려면 특별한 노력을 해야 해. 어떤 노력이냐고? 자기를 자꾸 관찰하는 노력! '내가 다른 사람에 비해 무엇을 잘하지?'라고 생각하면서 자기를 들여다보는 것 말이야. 사실 여러 가지 방법이 있지만 오늘은 두 가지 방법을 소개할게.

산맥 타기

산맥 타기는 내가 지금까지 살아온 시간을 죽 펼쳐서 보는 거야. 아래 그림을 보렴. 수학 시간에 배운 그래프처럼 되어 있지? 가로축은 초등학교 때부터 지금까지를 학년별, 학기별로 구분한 거야. 세로축은 그때 내가 얼마나 기분이 좋았는지를 나타내. +7점에서 -7점까지 있지. 이제 점을 찍어 볼까?

가로축의 눈금을 하나씩 더듬으면서 시간여행을 해 보는 거야. 초등학교 1학년 1학기에는 어떤 장면이 제일 기억에 남니? 그때를 떠올리면 제일 먼저 생각나는 장면 하나를 붙잡아서 그때의 느낌을 생각하고 그림에 점 하나를 찍는 거야. 기억이 떠오르지 않는 해는 뛰어넘어도 좋아. 점을 다 찍고 나서 점들을 이어 보면 삐쭉삐쭉, 산맥 같은 모양이 나오

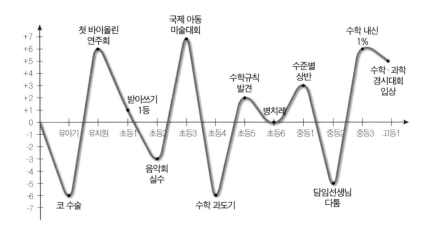

지. 그래서 이 방법을 산맥 타기라고 불러.

이 중에서 중간 지점은 빼고 높은 봉우리와 깊은 골짜기에 있는 점을 모을 거야. 이곳이 내가 성공했거나 실패했던 순간들이야. 흥분과 감동, 웃음과 기쁨, 눈물과 슬픔이 한데 모여 있는 곳일 거야. 그 점들을 아래 표처럼 한번 정리해 봐.

나이	점수	경험	그때의 느낌	그때 발휘된 재능
유치원	+6	첫 바이올린 연주회	처음으로 배운 악기였는데 연주회까지 할 수 있게 되어서 자랑스러웠다.	악기 다루는 것, 음악적 재능
초2	-3	음악회에서 큰 실수	피아노 연주였는데 완주는 했지만 무척 창피했고, 다음 연주회부터는 더 철저히 준비하게 되었다.	자기 성찰 능력, 철저한 준비
초3	+7	국제 아동미술대회 최우수상	매우 기뻤다. 미술에 자신감을 갖게 되었다.	예술적 감수성

초4	-5	수학 과도기	자존심이 매우 상했고 그다음부터 수학 공부에 더욱 매달렸다.	포기하지 않음. 높은 이해력
초5	+2	수학의 중요한 규칙 발견	남들도 다 그렇게 하는 줄 알아서 처음엔 느낌이 없었다. 여러 가지 규칙을 만들면서 수학을 더 잘하게 되었다.	사고력, 스스로 규칙을 생각하는 능력
중3	+6	수학 내신 1%	수학에 대해 더 큰 자신감을 얻게 되었다.	수학 재능
고1	+5	수학·과학 경시대회 입상	수학·과학이 내 재능과 잘 맞는다는 걸 확신하게 되었다.	논리적인 사고

고등학교 2학년 K군이 작성한 내용

그 순간에 내가 느꼈던 것을 긍정적으로 기록해 보렴. 그리고 그때 내 어떤 재능이 그것을 가능하게 했는지 한번 보는 거지. 위의 친구처럼 말이야. 주의할 건 스스로 점수를 높게 매겼다고 해서 꼭 재능이 많다고 보긴 어렵다는 거야. 이 경우에 오히려 삼촌은 +2점을 준 '수학의 중요한 규칙 발견'이 독특한 재능이라 생각해. 왜냐하면 친구들과는 다르게 생각하는 습관이니까. 수학과 미술을 잘하는 사람은 많지만 수학에서 자기만의 규칙을 만들어 내는 사람은 드물거든. 점수보다는 다른 사람에게는 없는 자신만의 특성을 잘 살펴보렴.

흥미로운 건 실패 경험에서도 내 재능을 발견할 수 있다는 거야. 어떻게? 내가 그걸 어떻게 극복했는지 물어보는 거지. 이 친구의 경우 -5점의 '수학 과도기'가 왔음에도 불구하고 포기하지 않고 오히려 더 박차를 가하는 집념 같은 게 보여. 이것 또한 아주 좋은 재능이지. 삼촌의 가장 큰 실패는 대학 시절에 눈이 멀게 된 것일 거야. 정말 힘들었는데 어떤 이야기책을 읽고 그 의미를 알게 되면서 극복할 수 있게 되었어. 삼촌에게는 이야기가 내포하고 있는 의미를 잘 파악할 수 있는 재능이 있었던 거야. 실패든 성공이든, 지금까지 내가 경험한 것들을 되돌아보면서 네 재능을 발견할 수 있어.

부모님 모습 관찰하기

두 번째는 엄마, 아빠에게서 물려받은 재능을 살펴보는 거야. 좋든 싫든 우리는 DNA라는 유전자를 통해 부모님의 모습을 물려받게 되어 있어. 예를 들어 삼촌의 아버지는 머리 가운데가 숱이 적으셔. 어렸을 적 친구들이 아빠를 보고 "너도 대머리 되겠네."라고 놀리는 게 참 싫었지. 그런데 서른 살이 넘으니 삼촌도 머리가 한두 가닥씩 빠지기 시작하는 거야. 그렇게 느껴질 때마다 두 개의 거울로 정수리를 비춰 보곤 해.

우리가 잘 보이지 않는 부분을 볼 때 두 개의 거울이 필요하듯, 내면의 구석진 부분을 보는 데에도 두 개의 거울이 필요해. 하나는 나라는 거울이고, 또 하나는 가족이라는 거울이지. 내 가족만큼 나를 정확히 비춰 주는 거울도 없어.

한번 곰곰이 생각해 보렴. 엄마 아빠는 어떤 분이시니? 부모님의 특징을 긍정적인 단어로 표현한다면 어떤 게 있을까? 몇 가지 단어를 적어 보렴. 그리고 다시 질문해 봐. 부모님에 대한 장면과 비슷한 네 장면이 있니? 네 안에 알게 모르게 들어와 있는 엄마 아빠의 모습은 무엇이니?

	아버지의 장면	나의 장면
비슷한 장면	폭발적으로 화를 내시는 모습	여자 친구의 말 "갑자기 딴 사람으로 돌변한다."
	어머니께 보내셨던 감성적인 편지들	자주 "사랑한다" 표현, 손으로 쓴 편지들
나의 재능	감성적인 표현 능력, 글쓰기	

  부모님에 대한 기억이 좋은 것이 아니라도 걱정하지 마. 약점 뒤에는 대개 강점이 있으니까. 삼촌의 아버지는 평소엔 조용조용하지만, 화를 폭발적으로 내곤 하셨어. 그런데 동시에 어머니께 1년에 두세 번씩 손으로 쓴 편지를 선물과 함께 주곤 하셨지. 삼촌은 아버지를 '화를 잘 내는 사람'이라고 생각했는데 사실은 '감정 표현을 잘하는 사람'이었던 거야. 그리고 돌아보면 삼촌도 똑같이 감정 표현을 잘하는 편이지. 그건 삼촌이 아버지로부터 물려받은 다정한 유산이었어.

  이것 말고도 방법은 많아. 중요한 것은 여러 가지 방법으로 자신을 관찰해 보는 거야. 우리의 재능은 3차원이라서 하나의 시각만으로 완벽하게 볼 수가 없어. 시간을 두고 자신을 여러 각도로 들여다봐야 하지. 삼촌이 소개한 두 가지 방법을 통해 너를 '입체적으로' 관찰해 보렴.

재능을 친구로
만드는 법

7장

Q 다중지능 검사나 MBTI 같은 검사들은 검사할 때는 좋은데 그 결과를 막상 공부할 때나 친구들을 사귈 때 쓰려고 하면 막막해져요. 제 재능이라는데, 자꾸 약점처럼 보이기도 하고요. 어떻게 하면 이 재능을 일상에서 진짜로 쓸 수 있을까요?

어느 의과 대학에 유명한 외과의사가 있었다. 그는 훌륭한 교수이기도 했다. 어느 날 그가 제자들에게 외과의사가 되기 위해 꼭 필요한 두 가지 재능에 대해 설명하고 있었다. 첫 번째는 인체에서 분비되어 나오는 더러운 것들에 대하여 메스꺼움을 느끼지 않는 것, 그리고 두 번째는 예민한 관찰력이라는 것이었다.

곧 실습에 들어갔다. 교수는 시체에서 흘러나온 분비물이라며 투명한 병에 담긴 노란색의 액체를 보여 주었다. 그러고는 보기에도 비위가 상하는 고약한 냄새가 나는 액체 속에 손가락을 넣었다가 꺼내 핥으면서 학생들에게도 그대로 따라 하라고 말했다. 마음을 단단히 먹은 학생들은 망설임 없이 노란색의 냄새 나는 액체에 손가락을 넣은 후 핥았다. 모두들 온갖 인상을 찌푸리며 구역질을 했지만 한편으로 그 더러운 것을 태연스럽게 먹을 수 있게 된 자신들을 서로 대견해했다. 이를 지켜보던 교수가 미소를 지으며 말했다.

"학생 여러분, 첫 번째 시험에 통과한 것을 축하합니다. 그러나 유감스럽게도 두 번째 시험에는 통과하지 못했습니다. 내가 핥은 손가락이 그 액체에 담갔던 손가락이 아니었다는 것을 눈치챈 사람은 아무도 없군요. 시체의 분비물 속을 휘저은 손가락은 두 번째 손가락이고, 내가 핥은 것은 세 번째 손가락이었습니다."

- 구본형, 《세월이 젊음에게》(청림출판), 29~30쪽.

정말 '우왝'이지? 교수가 장난을 통해서 학생들에게 말하려고 한 건 아마도 재능을 발견하는 것도 중요하지만, 그 재능을 제대로 활용하는 것이야말로 핵심이라는 것 아니었을까?

앞서 여러 검사들을 했지? 네 재능이 무엇인지 뚜렷이 알 것 같니? (오, 아직도 잘 모르겠다는 볼멘소리가 여기까지 들리는 것 같구나.) 하지만 더 중요한 질문, 네가 알게 된 재능을 가지고 이제 어떻게 공부하고 사람들을 만나야 할지 감이 잡히니?

앞서 한 많은 검사들은 시간이 오래 걸리지 않고 제법 정확하다는 장점이 있어. 그런데 치명적인 단점이 있기도 하지. 그게 뭔지 아니? 다름 아니라 '검사 결과 따로, 내 인생 따로' 놀게 된다는 거야. 검사를 통해 내 재능을 '확인'은 하지만 그걸 '활용'하지는 못하는 경우가 많다는 거지. 게다가 어려운 용어 때문에 시간이 지나면 기억이 잘 안 나기도 하고, 때로는 재능을 자기 약점으로 인식하기도 하지.

그래서 이 재능을 자기 친구로 만들 필요가 있어. 언제 어디서든 내 옆에서 실제로 내가 공부를 하거나 사람들을 만날 때 도와주는 친구 말이야. 어떻게 해야 할까? 그건 진짜로 네가 친구를 만드는 과정과 똑같아.

너는 처음 보는 사람을 친구로 사귈 때 제일 처음 무얼 하니? 보통은 서로 이름을 물어보는 것부터 시작할 거야. 물론 네가 먼저 물어볼 수도 있고 상대방이 먼저 소개할 수도 있겠지만, 아무튼 제일 먼저 하는 건 이름을 확인하는 거지. 그다음엔 무얼 하지? 이름을 묻고 나면 서로 이야기를 하게 되겠지. 네 이야기도 하고 친구의 이야기를 듣기도 하면서 조금씩 친해지게 될 거야. 그렇게 친해지고 난 다음에는 뭘 할까? 넌 제일 친한 친구들을 부를 때 이름으로 부르니? 정말 친한 친구들에게는 보통 별명으로 부르지?

이름을 물어보고, 이야기를 나누고, 별명을 부르는 과정을 통해 우리는 새로운 친구를 사귀어. 그런데 이게 재능을 내 친구로 만드는 과정과 똑같아. 제일 먼저 MBTI나 다중지능 검사 등으로 내 재능의 이름을 확인해. 그러고 나서 그 재능의 이야기를 듣는 거지. 언제 그 재능이 나에게 발휘되었는지 말이야. 그렇게 조금 친해지면 재능에 잘 어울리는 별명을 붙여 주는 거야. 내가 부르기 편한 별명으로. 재능이라는 친구를 사귀는 거, 생각보다 어렵지 않지?

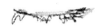

1. 형상화

전문 검사 도구로 재능의
윤곽을 잡는다

2. 명료화

재능을 발휘한 사례로
재능을 구체화한다

3. 내재화

재능에 대한 나의
언어로 정리한다

지금까지 너는 두 번째 단계까지는 했어. 다중지능 검사와 MBTI 검사를 통해 네 친구의 '이름'을 확인했지. 그리고 재능에 대한 설명을 읽으면서 밑줄을 치면서 사례들을 적어 보았지. 네 친구의 이야기를 들은 거야. 이제 네가 해야 할 건 하나, 바로 친구의 별명을 지어 주는 거야.

지금까지 했던 결과를 한 번에 정리해 보자. 삼촌은 이걸 '재능 프로파일'이라고 불러. 어려운 게 아니야. 검사 결과들을 비슷한 것끼리 한번 묶어 보렴. 예를 들면 이렇게 말이야.

재능 이름	사 례	별 명
논리수학 지능(다중지능) 직관력/통찰력(MBTI)	요리할 때 먼저 순서도가 그려진다 말하기 전에 말할 순서가 생각난다	?
인간친화 지능(다중지능) 내향적, 감정적(MBTI) 감정 표현 잘함(아버지)	친구는 많지 않지만 친한 친구는 정말 가깝게 지낸다(일기장 바꿔 볼 정도) 편지를 자주 쓰고 잘 쓴다	?

서로 비슷한 것끼리 묶이지? 정반대처럼 보이는 것들도 있니? 예를 들면 삼촌은 MBTI에서 내향적 성향으로 나오는데, 다중지능의 '인간친화 지능'이 꽤 높거든. 이건 어떻게 설명해야 할까? 이렇게 반대되는 것들을 고민해 보렴. 그리고 그 묶음들의 별명을 지어 보는 거야.

재빠른 시나리오 능력

의미 목표가 주어지면 일을 시작하기 전에 머릿속에 순서도가 그려지는 것, 무의식적으로 여러 시나리오를 탐색하며 대안을 모색한다.

사례 1) 요리할 때 가르쳐 주지 않아도 재료 넣는 순서가 그려진다.
2) 강의를 하고 책을 쓸 때 어렵지 않게 순서와 줄거리를 그려 낸다.

깊은 관계 쌓기

의미 소수의 사람들과 깊이 있는 인간관계를 추구하며, 함께 배우고 성장하는 관계로 만들 수 있다.

사례 1) 여전히 베스트 프렌드는 초등학교 친구들이다.
2) 나침반 프로그램 제자들과 오랫동안 깊은 관계를 유지하고 있다.

예를 들어 삼촌은 '재빠른 시나리오 능력'이라고 별명을 붙였어. 요리를 하거나 글을 쓸 때, 시작하기 전에 시나리오를 미리 그릴 수 있는 능력이라는 거지. 그런데 왜 '재빠른'이라는 말을 붙였을까? 빨리 사라져 버리니까. 머릿속에 떠오를 때 후다닥 적어 놓지 않으면 잊어버리거든.

삼촌은 내향적이지만, 인간친화 지능은 높아. 그걸 곰곰이 생각해 보니까 삼촌은 친구가 많지는 않아도 깊이는 있다는 걸 알게 되었어. 친한 친구들과는 일기장도 주고받을 만큼 친한 거야. 그래서 그걸 '깊은 관계 쌓기'라고 별명으로 바꿔 불렀어. 어때, 재미있지?

너도 한번 해 보렴. 내가 부르는 별명, 그리고 내가 생각하는 의미와 사례 두세 가지를 붙이면 돼. 이렇게 정리해 두면 재능은 진짜 내 친구가 되지. 근데 그거 아니? 삼촌이 사귀어 보니까 세상에 이렇게 좋은 친구가 또 없어. 내가 어디를 가든, 무슨 일을 하든 늘 옆에서 내가 어떻게 해야 좋을지를 알려 주는 거야. 나를 험담하거나 배신하는 법도 없지. 오로지 나만을 위해 늘 옆에서 함께 도와주는 친구, 그런 친구 한번 제대로 사귀어 보지 않겠니?

재능은 빛나는 보석이 아니야

8장

Q 삼촌이 알려 준 방법대로 따라 하다 보니 조금씩 재능을 알 것 같아요. 그런데 재능이라고 나온 것들을 보니 제가 다른 친구들보다 특별히 뛰어나지 않은 것들도 있어요. 원래 이런 건가요? 진짜 제 재능이라면 친구들보다 뛰어나야 하는 게 정상 아닌가요?

할아버지는 소녀가 안쓰러운 듯 토닥거리며 위로한다. 잠시 후 시즈크가 울음을 그치자 할아버지가 돌멩이 하나를 들고 온다. 그러고는 운모 망간이라는 이 돌을 소녀에게 건넨다.

"운모 망간이라는 돌인데, 그 갈라진 틈을 한번 보렴."

소녀가 그 사이로 눈을 가져다 대자 갈라진 돌 틈 사이로 녹색의 빛이 새어 나온다.

"녹주석이라는 돌인데 에메랄드의 원석이 포함돼 있단다."

"에메랄드라면 보석 말인가요?"

"그렇단다. 너는 아직 그 돌 같은 상태지. 아직 다듬어지지 않은 자연 그대로인 돌. 나는 지금 그대로도 아주 좋아하지만, 소설을 쓴다는 건 다르지. 자기 안의 원석을 찾아내서 오랜 시간 다듬어 가는 거란다. 시간이 아주 오래 걸리는 일이지."

소녀가 다시 바라본다. 갈라진 틈 사이로 두 개의 녹주석이 앞뒤로 나란히 박혀 있다.

"그중에 가장 큰 원석이 보이지? 사실 그 앞쪽의 돌은 세공을 하면 오히려

하찮은 보석이 되어 버린단다. 오히려 그 안쪽의 작은 녀석이 순도가 높지. 아니, 어쩌면 밖에서 보이지 않는 곳에 더 좋은 원석이 있을지도 모르지."

소녀가 곰곰이 생각한다. 그리고 차분히 이렇게 이야기한다.

"제게도 이런 예쁜 원석이 있을지 어떨지…. 너무 무서워요. 하지만 소설을 써 보겠어요. 완성되면 할아버지께 맨 처음으로 보여 드리겠어요."

앞에서 한번 소개했던 영화 〈귀를 귀울이면〉의 또 다른 장면이야. 할아버지의 말대로 재능은 보석의 원석과 같아. 원석이 뭔지 아니? 보석이 만들어지기 전 단계의 돌에서 갓 파낸 그대로의 광석을 말해. 색깔은 탁하고 모양도 삐뚤빼뚤 못생긴 돌이지. 이 원석은 보석의 성분이긴 하지만 엄밀히 말하면 보석이 아니야. 원석을 아주 오랫동안 갈고 닦아서 '세공'이라는 과정을 거쳐야만 보석이 되는 거지.

그런데 재밌는 건 이 원석의 가격은 실제 보석 가격의 10분의 1도 되지 않는 경우가 많다는 거야. 콩알만 한 1캐럿 다이아몬드는 1000만 원이 넘지만 같은 크기의 원석은 100만 원도 되지 않는 것들이 많아. 왜 그럴까? 여러 이유가 있지만, 세공도 그 이유 중 하나야. 세공을 얼마나 정교하게 하느냐에 따라 가격이 천차만별이 되는 거지.

우리의 재능도 마찬가지야. 재능은 별거 아니라고 했지? 그 별것 아닌 걸 오랫동안 갈고닦으면 누구나 갖고 싶어 하는 빛나는 보석이 되기도 해. 반대로 재능만 믿고 아무것도 하지 않으면 몇몇 사람들만 보고 지나치는 돌멩이에 불과하게 되는 거고. 발명왕 에디슨이 "천재는 1%의 영감과 99%의 노력으로 이루어진다."라고 말한 것처럼 자기 안의 1%의 재능을 발견해서 그걸 오랫동안 갈고닦아야 하지.

그럼 어떻게 재능을 개발할 수 있을까? 그냥 열심히 하는 것보다는 제대로 된 방법을 정확하게 알고 노력하는 것이 중요해. 수학 공식처럼 이야기한다면 삼촌은 이렇게 이야기하고 싶어.

$$\text{강점} = \text{재능} \times \text{지식} \times \text{연습}$$

우리가 어떤 것을 잘하게 되어 자기만의 무기, 즉 '강점'을 가지려면 세 가지가 필요하다는 거야. 하나는 재능이고, 또 하나는 지식을 쌓는 것, 마지막이 그걸 계속 연습하면서 경험을 쌓는 것이지. 그런데 사실 이 공식에서 제일 중요한 건 이 세 가지의 관계가 '더하기(+)'가 아니라 '곱하기(×)'라는 거야. 이게 무슨 말이냐고?

100점 만점에 재능이 100이라고 해도 공부를 하나도 안 해서 지식이 '0'이면 강점도 0이라는 이야기야. 재능이 100이고, 지식도 100이라도 실제로 연습을 하지 않으면 높은 점수를 받기 힘들다는 거지. 어렵지 않지? 좋은 점수를 받으려면 세 가지를 비슷한 수준으로 골고루 발달시켜야 해.

그래서 재능을 발견하고 난 후에는 두 가지 노력을 해야 하지. 하나는 그 재능과 관련된 공부를 열심히 하는 거야. 피아노에 소질이 있다면 우선 악보를 볼 줄 알아야 해. 화성학도 공부해야 하고. 실제로 음악가들은 과학자들만큼이나 공부를 많이 한다고 알려져 있어. 하지만 공부만 한다고 피아노 연주 실력이 느는 건 아니야. 악보를 볼 줄 아는 것과 악보대로 칠 줄 아는 것은 전혀 다른 문제니까 말이야. 그래서 두 번째 노력은 열심히 연습해서 눈 감고도 할 수 있는 정도로 만드는 거야.

연습을 할 때는 그냥 반복만 하면 안 돼. 피아노를 매일 5시간씩 친다고 해서 실력이 빨리 늘지 않는다는 거지. 삼촌이 좋은 방법을 알려 줄게. '심층 연습'이라는 방법이야. 한마디로 이야기하면 '높은 목표를 잡고 연습하다 틀리면, 틀린 것을 천천히 교정하면서 반복하는 과정'이라고 말할 수 있어. 이건 뛰어난 선생님들이 제자를 가르치는 방법이기도 해.

심층연습 = 버거운 목표 ⋯▸ 연습 ⋯▸ 실수 ⋯▸ 교정 ⋯▸ 성공!
(느린 속도와 긴장감)

피아노를 예로 들어 보자. 내가 칠 수 있는 것보다 10~20퍼센트 정도 버거운 목표를 잡는 게 중요해. 체르니 30번을 칠 수 있다고 하면, 조금 수준이 높은 40번을 목표로 잡는 거지. 그럼 어떤 일이 일어날까? 어려우니까 당연히 실수하게 되겠지. 보통 틀린 부분을 또 틀려. 그때 계속해서 친다고 해서 실력이 늘지는 않아. 정말 좋은 선생님은 그때 어떻게 하느냐면, 제자에게 '그 부분만 천천히 쳐 보라.'고 해. 한 음 한 음 긴장감을 가지고 천천히 집중해서. 계속해서 반복해서 치다 보면 조금씩 익숙해지겠지? 그렇게 느린 속도로 틀리지 않게 치는 것에 익숙해지면 조금씩 빠르게 치는 거야. 반복을 오랫동안 하면 빠르게 쳐도 그 부분을 더는 틀리지 않게 되는 거지.

버거운 목표, 실수와 교정, 느린 연습 속도, 긴장감, 집중, 반복. 이게 심층 연습의 중요한 단어들이야. 여기서 제일 중요한 단어는 '실수'야. 학교는 실수하지 않는 법을 가르치지만, 사실 실수는 좋은 거야. 실수를 자주 한다는 건 목표가 내 수준에 적당하다는 것이야. 오히려 실수하지 않는다면 너무 낮은 목표를 잡은 셈이지. '심층 연습'은 이렇게 실수를 천천히 교정하는 걸 반복하면서 배우는 방법이야. 재능을 빨리 갈고닦을 수 있는 방법이기도 하지.

이렇게 연습하다 보면 언젠가 네 안의 빛나는 보석을 발견하게 될 거야. 그걸 믿고 지금은 조급해하지 말고, 너무 멀리 보지도 말고, 지금 딛게 될 걸음, 지금 쉬게 될 호흡, 지금 하고 있는 일만을 생각하며 묵묵히 닦아 내는 거야. 어제보다 아주 조금 더 빛이 나는 것을 온전히 느끼고 그 작은 진보에 기뻐하며 말이야.

4부

세상에
어떻게
나아갈까?

중요한 건
속도가 아니라 '방향'

1장

Q 어떤 친구들은 벌써 수능시험을 준비하고 있고, 어떤 선배는 수능이 끝나
자마자 공무원 시험공부를 시작했다고도 해요. 이런 이야기를 들을 때면
제가 뒤처지는 기분이 들어 불안해요. 자신을 돌아볼 시간도 없이 앞만 보고 달려
만 가는 것 같은 기분도 들고요. 이럴 땐 어떻게 해야 할까요?

20 04년 8월 22일, 그리스 아테네에서는 올림픽 사격결승전이
한창이었다. 총 10발의 탄환 중 9발을 쏜 상황, 이제 마지
막 한 발만을 남겨 놓고 있었다. 그날 금메달의 유력한 후보는 미국의 매튜
에먼스(Mattew Emmons)라는 선수였다. 그는 2위 중국의 지아장보를 무려 3.0
점 차이로 앞서며 멀리 내달리고 있었다. 마지막 한 발을 남겨 두고 모든 관중
의 시선이 그의 손가락 끝에 집중되었다. 긴장되는 순간. "탕!" 하고 날아간 총
알은 보기 좋게 과녁의 정중앙을 뚫었다. 10점!

순간, 그는 자리에서 벌떡 일어서 총을 든 팔을 관중을 향해 높이 들어 올
리며 기뻐했다. 관중들도 그에 화답하듯 국기를 흔들며 기뻐했다. 그런데 잠
시 후 이상한 일이 일어났다. 전광판에 점수가 나오지 않은 것이다. 관중들이
웅성거리기 시작했고 심판들이 부지런히 뛰어다녔다. 잠시 후 전광판에는 0점
이 표시되었다. 에먼스가 심판에게 "어떻게 된 일입니까?"라고 따져 물었다. 심
판은 절레절레 고개를 흔들며 이렇게 말했다.

"당신의 총알은 바로 옆 선수의 표적을 통과했습니다."

결국 1위로 달려가던 그 선수는 꼴찌인 8위로 경기를 마감하게 되었다.

황당한 이야기지? 그런데 이건 실제로 있었던 이야기야. 선수와 과녁 간의 거리가 50미터로 아주 멀기 때문에 각도가 조금만 빗겨도 옆 사람의 과녁이란 말이지. 한 발을 쏘고 다음 발을 쏘기 전까지의 시간이 짧은 탓에, 선수는 눈앞의 망원경(스코프)에만 집중하다가 총구가 살짝 빗겨서 남의 과녁을 겨누고 있었는지 몰랐던 거야.

이 이야기에는 그냥 웃고 넘기기에는 너무 중요한 진실이 하나 있어. 우리가 어떤 곳을 바라보느냐에 따라 시간이 지나면 아주 다른 결과가 나타난다는 것 말이야. 내가 겨누고 있는 것이 정말 내 과녁인가, 스스로 계속 물어보고 대답해야 하는 이유가 여기에 있어.

이런 비슷한 예는 많아. 자동차를 타고 끝이 보이지 않는 사막을 가로지르는 '랠리(Rally)'라는 경주에서는 항상 두 명의 사람이 함께 조를 이뤄. 한 사람은 운전대를 잡고 최선을 다해 달리는 사람이고, 다른 한 사람은 페이스노트로 방향키를 잡고 달리는 방향을 확인하고 지시하는 역할을 하지. 흔히 경주에서는 속도가 중요하다고 생각하지만, 랠리에서는 속도보다 더욱 중요한 게 방향이야. 운전자는 항상 페이스노트가 제시하고 인도하는 방향을 따라 달리는데, 방향을 무시한 채 달리다 보면 잘못된 목적지에서 죽음에 이르는 경우도 있기 때문이지.

삼촌이 공부 잘하는 형을 흉내 내려다가 결국 눈을 실명하게 됐었다는 이야기를 했지? 그때는 삼촌도 몰랐어. 삼촌이 형을 흉내 내고 있다는 사실을 말이야. 내 과녁이 아니라 형의 과녁에 겨누어 10점을 맞추려고 안

간힘을 쓰고 있었다는 걸 말이야. 이제 시력을 어느 정도 회복했지만, 여전히 뿌연 세상을 바라보면서 종종 생각하게 되지. 인생은 얼마나 빨리 도착하는가의 문제가 아니라 내가 정말 좋아하는 방향으로 즐겁게 나아가는가가 중요하다는 걸 말이야. 정말 중요한 건 속도가 아니라 '방향'이야.

이 책의 제목을 '꿈이 없어도 괜찮아'라고 지은 이유도 여기에 있어. 많은 어른들이 꿈을 가지는 게 중요하다고 이야기하지. 그런데 어른들이 생각하는 꿈은 '직업'인 경우가 많아. 의사, 변호사, 과학자, 화가 등등…. 이런 꿈이라면 아직은 없어도 괜찮아. 그건 어른이 되면 자연스럽게 찾게 될 테니까 말이야. 게다가 그런 직업적인 꿈들은 오히려 네 가능성을 가둘지도 몰라.

다만 삼촌은 꿈보다는 어떻게 살아야겠다는 '방향성'이 있어야 한다고 생각해. '방향성'이 뭐냐고? 한마디로 무엇을 좋아하고 잘하는지에 대한 것 말이야. 앞에서 많은 청소년들이 꿈을 물으면 직업 이름의 '명사'로 대답한다는 이야기를 했지? 그런데 진짜 꿈은 명사가 아니야. 진짜 꿈은 동사지. 직업이 되기 이전에 '무엇을 하고 싶고, 잘할 수 있다'는 동사가 바로 방향성이야. 무슨 말인지 알겠니? 직업은 그 방향성을 표현하며 살기 위한 하나의 방법일 뿐이고.

예를 들어 삼촌의 방향성은 '깨달음을 얻고, 다른 사람과 나누는 삶'이야. 책이든 경험이든, 삼촌이 열심히 배워서 어떤 깨달음을 얻고 그걸 다른 사람에게도 자연스럽게 가르쳐 주는 인생이 삼촌이 가야 할 길이라는 걸 알게 된 거지. 삼촌은 책을 읽거나 강의를 듣고서 그걸 잘 정리해서 다른 사람들에게 지혜를 전해 주는 게 너무너무 즐겁거든. 또 잘할 수 있는 재능도 있고. 그런데 그렇다고 해서 삼촌이 꼭 학교 선생님이 되어야 할까? 그렇지는 않아.

삼촌은 지금 회사에서 직원들을 가르치는 일을 해. 책을 세 권 출판한 작가이기도 하지. 나중에 시간이 좀 지나면 상담소의 전문 상담가가 될지도 몰라. 프리랜서 강사가 되어 전국을 떠돌며 자유롭게 강연을 다니는 사람이 될지도 모르지. 삼촌은 영화를 무지 좋아하니 영화를 통해 사람들에게 중요한 메시지를 주는 감독이나 시나리오 작가가 되어도 좋을 거야. 돈이 조금 모이면 교육 사업을 시작할 수도 있을 것이고, 그러다 실패하면 삼촌이 아는 형이 운영하는 학원에서 청소년들의 진로 지도 교사를 할 수도 있을 거야. 나이가 들어 은퇴하면 손님들에게 적절한 조언을 해 주는 꽤 괜찮은 택시기사가 되거나, 조그만 인생 상담 카페를 차려도 좋을 거야.

삼촌은 어쩌면 이렇게 여러 번 직업을 바꾸게 될지도 몰라. 그런데 말이야, 정말 중요한 건 삼촌이 앞으로 어떤 직업을 갖든 삼촌은 그 직업 안에서 '한 방향'으로 흐를 거라는 거야. 어떤 일을 하더라도 삼촌은 '깨달음을 얻고 다른 사람에게 나누는 일'을 하게 될 거란 사실이지. 삼촌이 다니는 직장이 바뀌고, 직업의 이름은 바뀌겠지만 삼촌은 계속 열심히 배워서 깨달음을 얻고 다른 사람과 나누며 살아갈 거야.

삼촌은 이게 무엇보다도 중요하다고 생각해. 같은 일을 10년을 하면 전문가가 된다고 어른들이 말하곤 하지? 그런데 만약 방향성을 찾아서 어떤 직업을 통해서든 한 방향으로 평생 나아간다면 어떤 사람이 될까? 아마도 40~50년 정도 하면 적어도 한 분야의 '대가'라고 불릴 만한 인물이 되어 있지 않겠어?

'현대 경영학의 아버지'라 불리는 피터 드러커는 젊은 시절 일정한 직업이 없었어. 법학을 전공했지만 법과 관련된 일을 하지는 않았지. 평범한 직장인으로 무역회사를 다니기도 했고, 신문사 기자를 하기도 했지. 보험회사와 은행에서 일하기도 하고, 대학에서 학생들을 가르치기도 했어. 책을 많이 읽었지만, 3년마다 완전히 새로운 분야를 공부했기 때문에 일관성이 없었지. 그런데 방향성은 늘 같았어. 글을 통해 경영관리의 방법을 체계화하는 것이었지. 결국 드러커는 96세로 죽기 전까지 39권의 책을 썼고, 현대 경영학의 창시자로서 가장 존경받는 경영학자가 되었지. 한 분야의 '대가(大家)'라 불리는 사람들은 이렇게 평생을 하나의 방향성에 집중한다는 특징이 있어.

직업을 찾기 전에 먼저 방향성을 찾아야 한다고 이야기하는 이유가 여기에 있어. 한 방향을 유지하는 것이야말로 자신의 인생을 위대하게 만드는 중요한 방법이야.

너는 어떤 인생을 살고 싶니? 네가 정말 좋아하고 잘하는 걸 한 문장이나 한 단어로 요약한다면 무엇이니? 이제 지금까지 발견했던 네 꿈과 재능을 아래에 옮겨 적어 보렴.

이제 오랫동안 고민해 보자. 두 원의 공통부분은 무엇일까? 네가 정말 좋아하고 잘하는 것은 무엇이니? 한 문장이나 한 단어로 표현해 보자.

어렵다고? 그럴 거야. 그래서 삼촌이 다른 친구들 것들을 가져왔어.

나의 꿈 목록
내가 진짜 좋아하는 것은 무엇인가?

• 유치원 교사로 종일 아이들 돌보기
• 하양이(강아지)와 산책하기
• 디즈니랜드 가서 실컷 놀기
• 가족과 함께 해외 여행
• 동생들과 놀면서 실컷 웃기
• 내가 일해서 번 돈으로 사고 싶은 것 사기
• 세계 일주 하기
• 친구들과 함께 사진 찍기

삶의 방향성

나의 타고난 재능
나는 무엇을 잘할 수 있는가?

• 누군가를 가르치기
• 활발하고 긍정적으로 생활하기
• 친절하게 대하기
• 다른 사람을 돌봐 주기
• 크고 낭랑한 목소리
• 글이나 말로 감동 받고 감동 주기
• 위기 대처 능력
• 폭넓은 대인 관계 능력

• 방향성: 아이들과 즐겁게 생활하며 아이들을 밝게 만들어 주는 사람

참고하렴.

나의 꿈 목록
내가 진짜 좋아하는 것은 무엇인가?

- 뉴스에 출연하기
- 아무도 모르는 나만의 '땀'을 찾기
- 전교 1등 하기
- 어떤 분야에서 최초가 되기
- 세계적인 연구소에서 일하기
- 손편지 100개(생일 편지) 받기
- 방송국 대기실에서 방송 준비
- 혼자 배낭여행 하기

삶의
방향성

나의 타고난 재능
나는 무엇을 잘 할 수 있는가?

- 모든 일에 호기심을 품고 궁금해한다
- 누군가 반대할 때 말로 잘 설득한다
- 결심하면 반드시 이루어 낸다
- 분석을 잘하며 통찰력이 있다
- 꼼꼼하게 비교하여 다른 점을 조합한다
- 논리적으로 생각한다
- 계획을 잘 세우고 실천한다

• 방향성: 탐구를 통해 사람들과 함께 새로운 것을 연구하고 토론하는 사람

앞에서 말한 걸 다시 반복해 볼게. 위대한 모든 것은 두 번 만들어져. 먼저 마음속에서 만들어지고, 그다음 현실 속에서 구현되지. 이 말을 곰곰이 생각해 보렴. 내 마음속에 없는 인생은 결코 내가 만들 수 없어. 내가 정말로 좋아하는 것을 구체적으로 생각해 두어야 해. 그러려면 시간이 많이 필요하겠지만 언젠가는 그 일이 내게 벌어진단다. 네가 좋아하는 직업 말고, 네가 진짜 살고 싶은 '인생'은 뭐니? 그게 네 방향성이란다.

왜 직업을
가져야 할까?

2장

Q 왜 꼭 일을 해야 하는 걸까요? 주식이나 부동산처럼 일을 하지 않고도 돈을 벌 수 있는 방법이 많지 않나요? 차라리 어렸을 적부터 그걸 공부하는 게 낫지 않을까요?

멕시코의 한 시장 그늘진 구석에 인디언 할아버지가 양파를 팔고 있었다. 할아버지 앞에는 20줄의 양파가 가지런히 놓여 있었다. 미국에서 온 사업가가 그에게 물었다.

"양파 한 줄에 얼마죠?"

"10센트요."

"두 줄은 얼마죠?"

"20센트요."

"그럼 세 줄은요?"

"30센트죠."

"세 줄을 사도 깎아 주지 않는군요. 세 줄을 25센트에 주실래요?"

"아뇨."

"그럼 20줄 전부를 사면 얼마에 팔겠어요?"

"그렇게는 팔 수 없소."

"안 판다고요? 당신은 여기에 양파를 팔기 위해 나와 있는 게 아닌가요?"

"아니요. 나는 양파만 팔려고 여기 있는 것이 아니오. 나는 내 삶을 살려고 여기에 있는 것이오."

할아버지는 얼굴에 흐르는 땀을 닦으며 조용히 말을 했다

"나는 이 시장을 사랑하오. 북적대는 사람들을 좋아하고, 붉은 서라피 모포를 좋아하죠. 햇빛을 사랑하고 바람에 흔들리는 종려나무를 사랑합니다. 내 조카들이 내게 와서 '브에노스디아스'라고 인사하고, 담배를 태우며 아이들과 곡식에 대해 이야기하는 것을 좋아하죠. 여기서 친구들을 만나면 즐겁소. 이게 바로 내 삶이오. 그 삶을 살기 위해서 여기 이렇게 온종일 앉아 양파를 파는 것이오. 그러니 당신에게 이 양파를 다 팔아 버린다면 내 하루는 그걸로 끝나 버리고 말 거요. 그렇게 되면 나는 사랑하는 것들을 다 잃게 되지요. 그러니 그런 일은 안 할 겁니다."

할아버지의 눈은 유난히 반짝였다.

- 어니스트 톰슨 시튼(Emest Thompson Seton)의 〈인디언의 복음〉 중

어른들은 왜 일을 하는 걸까? 한번 생각해 보렴. 도대체 어른이 되면 왜 일을 해야 하는 걸까?

삼촌은 일이 두 가지 의미를 갖는다고 생각해. 첫 번째는 '밥'이야. 어른들이 말하듯, '먹고살기 위해' 하는 것이 일이야. 일이 있어야 돈을 벌 수 있고, 생계를 유지할 수 있지. 우리는 이걸 무시해서는 안 돼. 셰익스피어는 그의 작품 대부분을 빵과 버터와 생활 경비를 얻기 위해 썼어. 사람이 하는 일이란 늘 생활과 연결되기 마련이지.

그런데 이것이 전부가 아니야. 그저 먹고살기 위해서만 일한다면 기

계와 다를 것이 없지. 돈 벌기 위해서만 일하는 것은 사람답게 사는 삶이 아니야. 사람은 세상에 자신의 존재를 표현하고 싶어 해. 셰익스피어가 훌륭한 작가가 될 수 있었던 것은 밥벌이 이상의 것을 추구하며 글을 썼기 때문이야. 만일 돈을 벌기 위해서만 썼다면 그의 작품이 지금까지 전해지지 못했을 거야. 일의 두 번째 의미는 '나라는 존재'를 표현하는 것이지. 다시 말해서 직업을 통해 자기의 '방향성'을 세상에서 구현하는 것이 바로 직업의 두 번째 의미야.

'밥'과 '나', 이 두 가지는 우리가 직업을 가질 때 놓치지 말아야 할 것들이야. 하나만 선택해서는 안 된다는 이야기지. 돈만 바라보고 일해서 성공할 수는 있어. 세상엔 실제로 그렇게 성공하는 사람들도 있으니까. 그런데 이렇게 성공한 사람들 중 행복한 사람은 드물어. 점점 더 돈에 욕심을 내게 되기 때문이지. 이런 사람들에게 돈은 마시면 마실수록 갈증이 심해지는 바닷물과 같은 거야. 끊임없이 더 많은 걸 원하게 되거든.

자기가 진짜 좋아하는 것은 '나'를 표현하는 것인데 가진 것으로 그것을 채우려는 사람들은 의외로 많아. 그런 사람일수록 "내 시계 어때?" "내 가방 멋지지 않아?" "내 머리 스타일 예뻐?"처럼 자기가 가진 것으로 자신의 존재를 확인받으려고 하지. 사실 그들이 좋아하는 것은 자기가 가진 것에 대한 칭찬이 아니라 '나'라는 사람에 대한 칭찬인데 말이지.

그런데 앞에서 이야기한 멕시코 할아버지처럼 자기가 좋아하는 일을 하는 사람들은 필요 이상의 돈에 집착하지 않아. 이미 일을 통해 자기의 방향성을 충분히 표현하고 있기 때문에 돈을 벌어서 자신을 일부러 꾸미려고 하지 않는 것이지. 누군가에게 칭찬받지 않아도 그 일을 하고 있는 것 자체로 즐거우니까. 그래서 삼촌은 네게 돈을 조금 적게 벌어도 하고 싶은 일, 네 방향성에 부합되는 일을 하라고 말해 주고 싶어.

물론 하고 싶은 일을 선택했지만 많은 돈을 벌지 못할 수도 있어. 실제로 좋아하는 일을 하지만 가난한 사람들도 아주 많아. 그런데 그거 아니? 돈을 별로 못 벌어도 하고 싶은 일을 실컷 해 볼 수 있는 시기는 젊었을 때뿐이라는 거 말이야. 서른 살만 넘어도 결혼하고 아이가 생기고 하면 자기가 하고 싶은 일을 선택하기 어려워. 그러니 지금 젊음이라는 무기를 지니고 있을 때 실패를 두려워 말고 하고 싶은 것에 도전해 보지 않을래?

변화하는 세상, 창조하는 직업

3장

Q 제가 직업을 갖게 되려면 앞으로 몇 년은 더 걸릴 텐데, 지금 제가 생각하는 직업이 그때도 있을까요? 삼촌 말대로 세상이 끊임없이 변하고 있다면 직업들도 달라지지 않을까요? 제가 어른이 될 미래엔 분명 지금은 없는 일이나 직업도 생겨날 수 있겠죠?

스위스에선 학생들이 자전거를 즐겨 타고, 그들이 자전거를 타며 등교하는 모습도 쉽게 찾아볼 수 있다. 취리히 예술 연구소의 학생이던 나도 여느 학생들처럼 주로 자전거를 타고 등교를 했다. 자전거는 편리하긴 한데 문제가 하나 있다. 바로 스위스는 1년 중 127일 동안 비가 내린다는 사실이다.

뉴욕 사람들은 개성 있고 멋진 크로스백을 많이 메고 다니는데, 스위스는 아직 그런 가방이 없었기에, 메신저 가방 같은 스타일에 비에 젖지 않는 특수한 가방이 있으면 좋겠다는 생각을 하게 되었다. 어려서부터 만들기에 재주가 뛰어났던 나는 직접 가방을 만들어 봐야겠다는 생각으로 소재를 고민하기 시작했다.

우리 형제는 오래된 농가에서 자랐는데, 대부분의 시간을 작업장에서 보낸 덕분에 쓰레기 더미 속에서 자원을 찾아 새로운 것을 만드는 경험이 어린 시절부터 많았다. 이런 경험이 자연스럽게 대학 전공을 산업디자인으로 택하게 이끌었다. 어쨌든 비에 젖지 않는 메신저 가방을 어떻게 만들까 생각하며 자전거 튜브나 안전벨트 같은 폐자원들을 검토해 봤는데, 아무래도 방수 기능은 어려운 것 같아서 다른 방법을 찾고 있었다.

그러던 어느 날 우연히 동네 쓰레기 폐기장으로 향하던 트럭들을 봤는데,

그 트럭들을 덮고 있던 방수천에 눈이 갔다. 방수용 덮개였지만 화려한 색깔과 눈에 띄는 폰트들로 가득한 방수천은 굉장히 매력적으로 보였다. 그도 그럴 것이 무엇보다 비에 젖지 않는 소재라는 것이었다. 저걸로 가방을 만들어 봐야 겠단 생각이 들었다.

처음엔 냄새도 잘 안 빠지고, 워낙 두꺼운 천이라 모양을 내기도 어려워서 고생을 많이 했다. 그러다 결국 10개의 가방을 만드는 데 성공했다. 그리고 시험 삼아 친구들에게 팔아 보았다. 비에 젖지 않고, 개성 넘치는 디자인의 가방 10개는 모두 팔렸고, 점점 생산 개수를 늘려 가다 보니 재미도 있었다. 돈을 떠나 가방을 만드는 행위 자체가 너무 좋았다. 내가 필요하다고 생각했던 새로운 가방을 만드는 게 흥분될 정도로 좋았던 것이다.

가방의 수요와 판매가 꾸준히 늘면서 우리 형제의 이름을 따 '프라이탁'이라는 브랜드 이름을 만들었다. 여기저기 다니면서 공부를 하며 디자인에 철학을 담고자 꾸준히 노력했다. 그러다 보니 가방은 더 많이 팔리게 되었고, 어느새 가방을 만들어 파는 회사가 되어 있었다.

내가 필요해서 만든 재활용 가방으로 시작한 프라이탁은 2009년 한 해에만 500억 원의 매출을 올렸고, 전 세계에 350개의 매장을 가진 글로벌 브랜드로 성장했다. 그리고 우리는 지금도 트럭 방수천을 자르며 가방을 만들고 있다.

"형과 삼촌" 우리가 인식할 수 있든 없든 우리가 살고 있는 지구도, 지구에 존재하는 것들도 변하고 있어. 물론 직업도 마찬가지야. 지구온난화 현상이 뚜렷해지면서 지구온난화 전문가들이 등장했고, 스마트폰이라는 모바일기기가 등장하면서 모바일게임 개발자들이 생겨났지. 반면에 1960년대만 해도 버스에 함께 타서 승객들에게 안내하던 버스안내양이라는 직업은 이제 찾아볼 수 없게 되었지. 이렇게 세상이 변해 가면서 직업이 사라지기도 하고 새롭게 생기기도 해.

'디지털 장의사'는 인터넷 상에 남아 있는 고인의 흔적을 정리하고, 삭제하는 일을 하는 직업이야. SNS는 물론 메일, 블로그 등에 남아 있는 글이나 사진 등을 지워 주는 역할을 하지. 고령화 사회가 되면서 은퇴를 한 사람들이 인생 설계를 잘할 수 있도록 도와주는 '노년플래너'라는 직업도 새로 생겼지. 이혼이 많아지면서 이혼 관련 업무만 중점적으로 다루는 이혼 전문 변호사들도 활발히 활동하고 있고. 모두 최근에 새로 생겨난 직업들이야.

그런데 이보다 더 재미있는 건 이렇게 변하는 세계에서 자기만의 직업을 스스로 만들어 낸 사람들이 등장하기 시작했다는 거야. 프라이탁도 그중 하나지. 아프리카 TV의 게임 방송 BJ인 '대도서관'을 아니? 구독자가 수십만 명에, 유튜브 광고 수입으로만 월 2000만 원 이상을 벌고 있다고 하지. "나한테 네가 해 준 게 뭔데, 제목: 수수료," "말도 안 돼, 제

목: 이제 수요일.” 등의 짧은 시로 인기를 얻고 있는 'SNS 시인' 하상욱도 없던 직업을 스스로 만들어 내었지. 정리를 잘하는 자신의 재능을 살려 사람들이 정리를 잘할 수 있도록 돕는 '정리 컨설턴트'라는 직업도 생겨났어. 모두 한 사람에 의해 창조된 직업(창직)의 좋은 예지.

'창직'이라는 것은 기존의 직업세계나 시스템에 나를 끼워 맞추지 않고 내가 가진 재능과 흥미를 바탕으로 내가 하고 싶은 일을 만들어 내는 거야. 단지 돈을 벌기 위해 직업을 갖는 것이 아니라 자기를 자유롭게 표현하면서 동시에 돈까지 벌 수 있는 기회를 만드는 거지.

너는 언제쯤 너의 직업을 가지게 될까? 5년 후? 10년 후? 정확한 시간은 모르겠지만, 분명한 것은 네가 직업을 선택할 시점에는 지금과 또 다른 직업들이 있을 수 있다는 거야. 상상하지도 못했던 직업을 갖게 될지도 모르지. 어떤 직업을 가질 수 있을까라는 생각을 해 보는 것도 중요하지만, 네가 사회인이 되어 있을 때의 세상은 어떤 모습이고, 나는 어떻게 살아갈 수 있을까라는 앞선 생각도 필요해. 지금 존재하는 직업들로 너의 꿈을 한정 짓지 않기를 바라.

어때? 기존의 직업에 나를 맞추는 것보다 나에 맞춰 새로운 직업을 창조할 수 있다는 사실, 꽤나 매력적이지? 물론 너도 그 주인공이 될 수 있으니 너의 재능과 흥미를 잘 찾아보길 바란다. 네가 현재에 안전하게 머물기보단 새롭게 만들어지는 기회와 가능성이 넘실거리는, 변화하는 세상이라는 바다를 모험하며 가치를 만들어 낼 수 있길 삼촌은 응원하고, 바란단다.

변화하는 세상과 살아가는 방식에 대한 정보를 얻을 수 있는 사이트
는 이런 곳들이 있어. 시간을 내어 이곳들을 한번 탐험해 보렴.

- 하이터치 & 하이컨셉 블로그 http://www.health20.kr/
- 니자드의 공상제작소 http://catchrod.tistory.com/
- 국내 최대 사람도서관 위즈돔 http://www.wisdo.me/
- 유엔미래포럼 http://www.korea2050.net/
- 블로터닷넷 http://www.bloter.net/

나에게 꼭 맞는
직업을 찾는 법

4장

Q 제가 세상에 없는 직업을 만들 수도 있다는 건 알겠어요. 그런데 정말 어떻게 그런 직업을 찾을 수 있죠? 저에게 꼭 맞는 직업을 찾거나 만들려면 어떻게 해야 할까요?

19 82년 스물다섯 살의 한 청년이 시카고에 있는 미국 변호사 협회에서 기자로 일하고 있었다. 그 청년의 유일한 소망은 소설가가 되는 일이었다.

어느 날 밤, 자리에 누워 잠을 청하던 청년은 평소처럼 '한번 저질러 버려?' 하는 생각과 씨름하고 있었다. 마침내 그는 침대를 박차고 일어났다. 책상 앞으로 가서 스탠드 불을 켜고, 변호사들이 쓰는 노란색 노트를 꺼냈다. 그러고는 그 엉뚱한 생각을 실행에 옮길 방법을 연구하기 시작했다.

다음 날 그는 낚시할 때 쓰는 접이의자와 13킬로그램짜리 로열타자기를 짊어지고 거리로 나간다. 사람들이 많이 지나다니는 거리 한복판에 의자를 펴고 앉아서 타자기를 무릎 위에 올려놓았다. 그러고는 사람들에게 외치기 시작했다.

"여러분의 이야기를 들려주세요. 제가 60초 안에 소설로 써 드립니다!"

사람들은 그를 미친 사람처럼 취급하고 지나쳤다. 그중 한 사람이 호기심에 소설을 부탁했고, 청년은 그의 이야기를 잘 들었다. 그러고는 타닥타닥 하고 소설을 적기 시작했다. 1분 만에 그는 적는 것을 멈추고 종이를 죽 하고 찢어서 맞은편의 사람에게 건넸다. 유심히 글을 읽던 손님의 입가에 미소가 번졌다. 자신이 너무나 재미있고 감동적인 소설의 주인공이 되어 있었던 것이다.

그 이후로 많은 사람이 그에게 찾아와 자신의 이야기를 소설로 만들어 달라고 부탁했다. 그가 실제로 소설을 쓰는 데는 1~2분 정도면 충분했다. 길거리에서, 백화점에서, 파티에서, 교회에서, 쇼핑몰에서, 그리고 인터넷 채팅방에서 그가 있는 어느 곳에서나 그는 사람과 1:1 대화를 통해 몇 분 정도 사람들의 인생 이야기를 듣고는 즉석에서 소설을 써 주었다. 한 시간에 12~15개 정도의 소설을 썼는데, 그가 소설을 쓰는 행위는 일종의 행위예술처럼 사람들의 흥미를 끌었다. 그의 앞에는 언제나 사람들의 줄이 길게 늘어서 있었다. 결국 그는 1분에 한 편씩 22813명의 삶을 소설로 옮겼다.

그의 직업은 이제 '60초 소설가'다. 그는 전 세계 단 한 사람밖에 없는 소설가가 되었다.

60초 소설가 댄 헐리(Dan Hurley)의 이야기야. 이런 일도 직업이 될 수 있다니 신기하지 않니? 그는 실제로 미국 대통령을 비롯해 많은 연예인을 만나서 60초 소설을 써 주기도 했어. 그는 지금도 계속해서 그 일을 하고 있지.

세상에 없는 직업을 만들 수 있다는 건 멋진 일이야. 찾아보면 세상엔 그런 사람들이 제법 많지. 2013년에 tvN에서 방송된 〈크리에이티브 코리아〉라는 프로그램을 아니? 〈슈퍼스타 K〉 같은 오디션 프로그램인데, 노래나 춤이 아닌 새로운 직업을 창조하려는 사람들의 아이디어를 평가하는 오디션 프로그램이야. 여기에서 top 5에 올라간 사람들의 직업만 봐도 재미있는 게 많아. 고기를 숯불에 굽는 바비큐 문화를 하나의 스포츠로 정착시키는 '프로 바비큐어', 스포츠 선수에게 특정 종목의 기술을 전문적으로 트레이닝 해 주는 '스킬 트레이너', 악동뮤지션 발굴로 유명한 '프로츄어에이전트', 장애인과 노인을 방문해 운동·미용 등 관리 서비스를 제공하는 '실버테라피스트', 특정 장소를 찾아가 자신의 경험담과 사연을 직접 들려주는 '사람도서관' 등이 있었지.

이제는 직업을 내가 직접 만들 수 있는 '창직'의 시대가 되었어. 그렇다면 어떻게 내 직업을 창직할 수 있는 아이디어들을 생각해 볼 수 있을까? 삼촌이 재미있는 방법 한 가지를 소개해 줄게. 옆 쪽에 여러 단어들이 보이지? 하나는 '분야'에 대한 것이고 또 하나는 '직업'에 대한 단어들이야. 이제 위쪽과 아래쪽에서 세 단어씩을 뽑아 볼 거야.

먼저 윗 칸, 분야 리스트에서는 네가 좋아하는 것(꿈)을 중심으로 가장 잘 어울리는 단어를 세 개만 뽑아 봐. 어떤 분야가 제일 끌리는지 찾아서 그 단어에 동그라미를 치는 거야. 그다음은 아래 칸, 직업 리스트에서는 잘하는 것(재능)을 기준으로 네가 제일 잘할 수 있을 것 같은 직업을 세 개 뽑아 보렴. 네가 만약 그 일을 하게 된다면 제일 잘할 수 있는 것 세 단어에 동그라미를 쳐 보는 거야. 어렵지 않지?

분야 리스트(내가 '좋아하는 것' 기준으로 선택)

공공기관	스포츠	렌탈 및 임대	건설	농업	모바일
공기업	레저	운송	건축	어업	디자인
NGO	음식료	물류	조경	광업	방송
연구 및 조사	프랜차이즈	시설관리	화학	SI	신문 및 잡지
은행	유통	아웃소싱	에너지	웹에이전시	출판
보험	도소매	전기 및 전자	환경	소프트웨어	광고
증권	홈쇼핑	반도체	섬유	ASP	홍보 대행
캐피탈	백화점	디스플레이	패션	쇼핑몰	전시 및 컨벤션
의료	무역	광학	제약	컨텐츠	음반
복지	법률	컴퓨터	바이오	포털	영화
교육	회계	기계	화장품	통신 서비스	연예
유학	세무	기계 설비	목재	정보보안	공연
학원	특허	자동차 제지	게임	정치	호텔
노무	조선	가구	엔터테인먼트	종교	여행
부동산	철강	소비재	캐릭터	항공	정비 및 A/S
금속	식품가공	애니메이션			

직업 리스트(내가 '잘하는 것' 기준으로 선택)

가수	마케팅(홍보)전문가	수의사	작곡가	간호사	만화가
스타일리스트	저널리스트	감독	메이크업아티스트	스턴트맨	전자상거래전문가
감정사(평가사)	모델	승무원	정치가	강사	무용가(댄서)
시스템 개발자	조향사	개그맨	미용사	시인	중개인
건축가	바이어(구매인)	여론조사 전문가	지휘자	검사원	발명가(수리원)
심판(평가관)	촬영기사	게이머	번역가(통역가)	아나운서	측량사
경영자	변호사(변리사)	안무가	치료사	경찰관(경호원)	분석(예측)가
약사 및 한약사	치어리더	고객관리 전문가	분장사(스타일리스트)	여행자	컨설턴트(조언가)
곡식작물 재배자	비서(어시스턴트)	연구원	탐험가	공무원	사서

연기자	트레이너	공예가(조각가)	사진사(사진작가)	연주가	판사(검사)
교사(교수)	사회단체활동가	연출가	패션코디네이터	군인	사회복지사
영업원(세일즈맨)	편집자	금융자산운용가	상담가(심리치료사)	외교관	프로그래머
기자	선장 및 항해사	운동선수	프로듀서	기획자	성우
운전가(조종사)	피부(네일) 관리사	도시 계획가	성직자	응급구조사	학예사(큐레이터)
동물 조련사	세무사(관세사)	의사	화가	디자이너	소프트웨어 개발자
일러스트레이터	회계사	리포터	속기사	작가	회의 전문가

　　각각 세 단어씩 뽑았니? 이제 이걸 가지고 요리조리 조합을 해 볼 거야. 아래에 있는 표의 가로 칸에는 분야 3가지를, 세로 칸에는 직업 세 가지를 적어 보렴. 이렇게 말이야.

직업 ＼ 분야	교육	방송	공연
교사(교수)	교육 분야 　 교사	방송 분야 　 교사	공연 분야 　 교사
상담가	교육 분야 　 상담가	방송 분야 　 상담가	공연 분야 　 상담가
연기자	교육 분야 　 연기자	방송 분야 　 연기자	공연 분야 　 연기자

　　자, 이제 고민해 보자. 두 가지를 조합하면 어떤 직업이 될까?

직업 ＼ 분야	교육	방송	공연
교사(교수)	초 · 중 · 고 선생님	방송 보육 교사	뮤지컬 / 연극 감독
상담가	미술 / 음악 심리치료사	?	?
연기자	연기 수업 강사	영화 / 드라마 배우	뮤지컬 배우

칸을 채우기가 어렵지? 왜냐하면 아직 세상에 어떤 직업이 있는지 알지도 못하고, 경험의 폭도 적으니까. 이걸 들고 어른들을 찾아다녀 보렴. 부모님과 선생님, 주변에 비슷한 일을 하는 사람들을 찾아다니면서 물어보렴. 그러면 생각보다 많은 정보들을 얻게 될 거야.

네가 어른이 되었을 때, 세상에는 아주 많은 직업들이 존재할 거야. 그리고 무슨 직업이든 네가 좋아하고 잘하는 걸 직업으로 만들 수 있을 거야. 지금부터 고민해서 준비한다면 말이야. 세상에 없는 직업을 만들어 낸 사람들의 특징은 자유롭게 산다는 거지. 세상을 돌아다니며 소설을 쓰는 댄 헐리처럼 말이야.

다양한 직업에 대한 정보를 얻고 싶다면?

한국직업능력개발원과 교육부에서 운영하는 커리어넷(http://www.career.go.kr/)에는 직업 정보는 물론 심리검사, 진로탐색프로그램이 아주 잘 정리되어 있다. 평소 관심이 있거나, 알고 싶던 직업이 있으면 이 사이트에 들어가서 검색해 보면 많은 도움을 받을 수 있다.

직업의 구석구석을
알아보려면

5장

Q 삼촌, 그런데 저는 학생이라 어떤 직업이 구체적으로 무슨 일을 하는지 잘 모르겠어요. 제가 만들고 싶은 직업이 세상에 이미 있는지도 모르겠고 요. 어떻게 하면 직업에 대한 여러 가지 현실적인 정보들을 알 수 있나요?

용(dragon)을 잡고 싶어 하는 한 청년이 있었다. 그 마음이 간 절해서 그는 우선 사냥 기술을 배워야겠다고 생각했다. 그 래서 그는 산으로 올라가 용을 잡는 기술을 가르치는 도사 밑에서 열심히 공 부했다. 모든 종류의 기술을 배우고 갈고닦으니 10년이 마치 열흘처럼 느껴 졌다. 그러던 어느 날, 도사는 청년을 불러 '이제 하산해도 좋다.'는 허락을 했 다. 청년은 너무나 기뻤다. 드디어 용을 잡을 수 있게 된 것이다! 부푼 가슴을 안고 청년은 세상으로 내려왔다.

그런데 그는 곧 알게 되었다. 세상에서 용이 사라진 지 오래되었던 것이다.

용이 사라졌다는 사실에 크게 낙담한 청년은 무엇이 되었을까?

고민 끝에 그는 다시 산으로 올라갔다.

그리고 '용을 사냥하는 기술을 가르치는 도사'가 되었다.

삼촌이 대학 시절에 수학을 가르치던 교수님 께서 해 주신 이야기야. 그때 느낌이 너무 강렬해서 아직까지도 기

억하고 있어. 청년의 안타까운 심정이 마치 요즘의 우리를 보는 것 같아. 인간답게 살기 위해 학교에서 열심히 교육을 받고, 시험을 보고, 영어 스터디를 하고, 온갖 종류의 자격증을 따고 나서야 겨우 직장을 잡게 되지. 어떤 사람은 더 높은 '자격'을 얻기 위해 학교로 돌아가서 석사, 박사 학위를 받거나, 더 전문적인 자격증을 향해 도전해.

그리고 '산을 내려와 세상으로 나아갈 때' 즈음, 그제까지 배운 전문 지식들이 일상에서 그리 많이 쓰이지 못함을 깨닫게 돼. 자기가 꿈꿔 왔던 일이 생각과는 많이 다르다는 걸 알게 되기도 하지. 학교에서 생각했던 일과 실제 일이 너무 달랐던 거야. 그러면 사람들은 실망하지. 어떤 사람들은 지금까지 공부한 것을 버리지 않기 위해, 조금 더 안정적인 직장을 잡기 위해 '가르치는 사람'이 되기도 해. 그것만이 지금까지 배운 것들을 고스란히 써 먹을 수 있는 유일한 방법이니까 말이야.

물론 이 이야기는 다소 지나친 비유일 수도 있어. 극단적이지. 그럼에도 불구하고 이 이야기는 우리에게 중요한 사실을 알려 주고 있어. 많은 청년들이 어떤 직업에 대한 '환상'을 좇고 있다는 거야. 이 이야기에서 용은 사람들이 직업에 대해 갖는 환상을 의미해. 의사는 다들 돈을 많이 번다든지, 스튜어디스는 해외여행을 실컷 할 수 있어서 좋다든지 하는 부풀려진 생각들 말이야.

공부를 열심히 하는 건 예측할 수 없는 미래를 준비하기 위해 꼭 필요한 일이야. 그런데 그 '준비'만큼이나 '실전'에 대해서 아는 것도 중요해. 책상 앞에서 공부만 해서는 실제로 그 일이 어떻게 돌아가는지, 학교에서 배우고 있는 것들이 어떻게 그 직업과 연결되는지, 그 일이 나와 잘 맞는지 등등 정말 중요한 정보는 알 수가 없어. 다만 직업에 대한 '환상'을 가질 뿐이지. 삼촌 경험으로는 그 환상은 대부분 현실과는 동떨어져 있는 경우가 많아. 많은 직장인들이 '고작 이 일을 하려고 지금껏 공부했나!' 하고 한탄하는 이유가 여기에 있어. 용을 잡으려고 몇 년을 갈고 닦았는데 용이 사라진 거야. 그렇게 몇 년 동안 환상 속에서 준비만 하다가 환상이 깨져서 허망해지지 않으려면 공부하는 중간중간 실제 그 직업에 대해 자세하게 알아볼 필요가 있어. 단지 TV에 나오는 정보나 주변 어른들의 경험담만으로는 부족해. 아니, 솔직히 말해서 주변의 그런 부정확한 정보들이 직업에 대한 환상을 만들어 내는 주범이라 할 수 있지. 그 일을 실제로 하는 사람들의 이야기를 들어 보면 알려진 것과는 완전히 다른 경우가 제법 많거든. 그래서 직접 부딪치면서 알아봐야 하는 거야.

직업에 대한 정보들을 얻기 위해서는 학교를 벗어나서 다양한 '경험'을 해 봐야 해. 그런데 학생이니 자유롭지 않지? 경험의 폭이 작을 수밖에 없어. 그래서 삼촌이 추천하는 방법은 두 가지야. 하나는 직업을 간접 체험할 수 있는 책을 읽는 것이고, 두 번째는 네가 꿈꾸는 일을 이미 하고 있는 사람을 만나 보는 거야. 하나씩 살펴볼까?

우선, 책은 여러 가지 직업 정보가 모여 있는 책을 읽어 보는 것부터 시작하는 게 도움이 될 거야. '진선아이'라는 출판사에서 나온《한 권으로 보는 그림 직업 백과》라는 책을 추천해. 우리 사회에 있는 300여 개의 직업을 분야별, 흥미별로 자세히 소개한 책인데, 그림으로 되어 있어서 읽기도 편하고 정보도 알차지. 각 직업을 가지려면 필요한 소질이나 재능, 준비해야 하는 것들은 무엇인지 일목요연하게 정리되어 있고 그 직업에 종사하는 사람들의 하루 일과도 만화로 꾸며 놓았어. 뿐만 아니라 그 직업에서 오랫동안 일한 사람의 인터뷰도 실려 있어서 그 직업의 좋은 점은 무엇이고 단점은 무엇인지 잘 알 수 있어.

그렇게 몇 가지 직업에 관해 읽어 본 후 관심 가는 일이 생기면, 그 분야에서 성공한 사람의 자서전이나 평전을 읽어 보는 것도 좋아. 요즘은 다양한 분야에서 성공한 사람들의 이야기책이 참 많아. 여행가가 되고 싶다면 한비야, 박준 작가님 등의 책을 읽고, 선생님이 되고 싶다면 조벽 교수님, 상담가가 되고 싶다면 정혜신 선생님 등의 책을 읽는 식이지. 이렇게 읽다 보면 그 직업에 대해 많이 알게 될 뿐만 아니라 바람직한 직업관도 갖게 될 거야.

두 번째는 사람을 만나 보는 거야. 가능하다면 네가 좋아하는 직업과 비슷한 직업에서 실제로 일하고 있는 사람을 만나 보는 것만큼 확실한 정보는 없어. 책상에 머리만 박고 있어서는 아무 일도 일어나지 않아. 적절한 사람을 찾아서 이것저것을 물어야 하지. 만나는 것이 가장 좋지만 어렵다면 이메일이나 전화를 활용해도 좋아.

관심 있는 분야에 아는 사람이 전혀 없다고 걱정하지 마. 지금은 '네트워크의 시대'니까. 인터넷 포털에서 검색해 보면 비슷한 키워드를 가진 카페나 블로그, 또는 책을 검색할 수 있을 거야. 카페의 정기모임에 나갈 수도 있고, 블로그 주인과 온오프라인에서 대화할 수도 있고, 책을 읽고 저자에게 이메일을 보내도 좋아. 그리고 다양한 사람을 만나게 해 주기 위해 만들어진 '위즈돔'이라는 온라인 플랫폼도 좋은 도움이 될 거야. 여러 가지 방법을 통해 두세 사람의 연락처를 얻는 건 어렵지 않을 거야.

직접 소개받은 사람이 아니라면, 메일이나 문자를 통해서 인사를 하는 게 무난하지. 모르는 사람이 전화하면 부담스러울 수 있으니까. 대략 처음에는 이렇게 짧게 써 보렴.

○○○님 안녕하세요?

저는 ○○중(고등)학교에 다니는 ○○○라고 합니다.

직업에 대해 조언을 듣고 싶어서 메일(문자)을 드려요.

그동안 제가 좋아하고 잘하는 일에 대해 많이 고민했습니다. 제가 가진 재능과 좋아하는 분야가 (이러이러한) 것인데, 저는 두 개의 후보 직업을 생각하고 있어요. 그중 이 직업에서 실제로 활동하고 계시기에 연락을 드렸습니다. 제게 어떤 직업이 적합할지 만나 뵙고 조언을 구하고 싶습니다.

혹시 시간을 내어 주실 수 있으신지요? 바쁘시다면 이메일이나 전화도 괜찮습니다.

답장 기다리겠습니다. 좋은 하루 되세요.

마음을 담아, ○○○ 올림

그러면 대부분의 사람들은 '허, 이 녀석 참 특이하구나.' 하면서도 호기심을 가질 거야. 약간의 부러움을 느낄 수도 있지. 주변의 청소년 중 누구도 스스로에 대해 이렇게 진지하게 고민한 사람을 본 적 없을 테니까 말이야. 아마 세 명 중 한 명은 조언을 주겠다는 연락을 주실 거야. 직접 만나건 메일로 질문하건 이런 질문들을 하고 잘 들으렴.

"어떻게 이 분야의 일을 시작하게 되셨나요?"
"이 일을 하기 위해 어떤 준비를 해 오셨어요? 저는 어떻게 준비하면 될까요?"
"이 직업에서 가장 보람을 느끼는 점은 무엇입니까?"
"이 직업에서 가장 싫어하는 점은 무엇입니까?"

침착하게 이야기를 듣는 거야. 잊지 않기 위해 메모를 하면 좋지. 주의할 건 모든 사람이 자기 직업을 좋아하는 게 아니기 때문에 그 직업에 대해서 비판적으로 이야기할 수도 있다는 거야. 그것 또한 놓치지 말고 들되, 지나친 불평은 좀 걸러 가면서 들어야 해. 직업 자체에 대한 불만인지 단순한 불평인지 판단하면서 말이야. 어쩌면 네가 처음 생각했던 것과는 많이 다르다는 생각이 들지도 몰라. 그러면 마지막에 이렇게 또 물어보렴.

"이런 비슷한 일을 하시는 분들이 더 계신가요? 제가 소개를 받을 수 있을까요?"

소개해 주면 그 사람에게 연락하고 만나 보는 거야. 이런 식으로 계속 사람들을 만나 보렴. 마치 무림의 고수가 되기 위해 강호의 실력자들을 찾아다니는 풍운아처럼. 한 달 정도면 서너 개의 직업에 대한 구체적인 정보와 현실적인 조언을 얻게 될 거야. 지루하고 힘든 과정이 될 거라 생각하겠지만 막상 만나 보면 무척 재미있다는 걸 알게 될 거야. 그리고 이런 만남이 학교 공부만큼이나 중요하다는 것도 확인하게 될 테고 말이야.

인생에는 한번 지나가 버리면 다시 찾기 위해 많이 돌아와야 하는 시기들이 있어. 청소년이 바로 그런 시기지. 이때 진로에 대해 생각하는 것을 게을리 하면, 사회에 나와서도 끊임없이 '이 직업이 내게 맞는 건가' 고민하며 방황하게 될지도 몰라. 그런 어른들이 실제로 적지 않으니까. 책과 사람을 통해 직업을 탐구해 보렴. 학교 밖을 나가 떠돌아 보는 거야. 내 천직을 찾아 떠나는 여행이라니, 이 얼마나 멋진 모험이니!

세상에
이로운 직업

6장

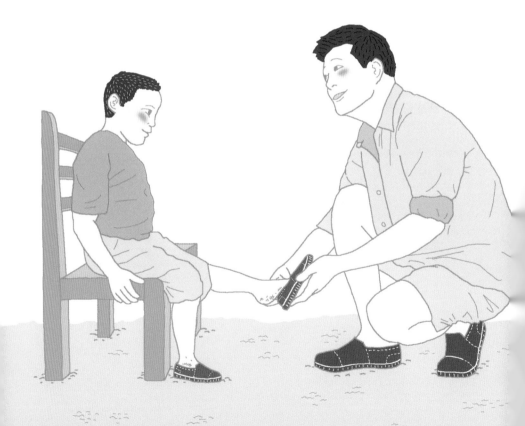

Q 삼촌, 많은 사람들이 개인의 성공만을 바라보며 살아가는 것 같아요. 저도 물론 성공해서 잘 살고 싶은데, 그러면서도 한편으론 같이 잘 살 수 있는 방법은 없을지, 혼자만 행복하지 않고 함께 행복할 수 있는 이로운 꿈은 없을지 궁금해졌어요. 좋은 방법 없을까요?

코끼리 똥으로 만든 종이 : 막시무스

스리랑카에는 인간을 위한 개발로 숲이 파괴되어 살 곳을 잃은 코끼리가 많다. 코끼리는 매일 180킬로그램 정도 먹고, 16번가량 똥을 싸는데, 치우는 것만으로도 골치가 아플 정도로 많은 양이다. 고민 끝에 사람들은 코끼리 똥에 많이 포함된 섬유질에 관심을 갖게 되었다. 초식동물인 코끼리는 풀과 과일, 나뭇잎, 나무껍데기같이 섬유질이 풍부한 음식을 먹는다.

사람들은 섬유질이 많은 코끼리 똥으로 종이를 만들 수 있다는 것을 알게 되었다. 코끼리 똥 10킬로그램이면 A4 종이 600장을 만들 수 있었다. 코끼리 똥으로 만든 종이는 산림을 파괴하지 않고도 만들 수 있기 때문에 친환경적이고 지속 가능성이 높은 종이로서 널리 알려지게 되었다. 스리랑카의 사회적 기업 '막시무스'는 이처럼 코끼리 똥을 이용해 종이와 책과 같은 물품들을 만들어 판매한다. 코끼리 똥은 사람들에게 일자리를 만들어 주고 수익금은 집을 잃은 코끼리를 돕는 데 쓰이고 있어, 막시무스는 사람과 코끼리, 그리고 지구에 모두 이로운 회사가 되었다.

내일을 위한 신발 : 탐스슈즈

아르헨티나를 여행하던 블레이크 마이코스키는 신발조차 살 수 없이 가난해서 맨발로 돌아다니는 아이들을 만난다. 신발 없이 걷는 아이들은 거칠고 오염된 땅을 맨발로 걸을 수밖에 없었기에 흙의 기생충에 감염되거나 길을 걷다가 생기는 상처 때문에 여러 가지 질병에 쉽게 노출되었다. 어떤 아이는 세균에 오염되어 발이 코끼리처럼 부어 있기도 했다. 게다가 신발은 학교 유니폼 중 하나였으므로 신발이 없는 아이들은 학교에 다닐 수 없는 경우가 많아 교육의 기회마저 박탈당하곤 했다.

신발이 없는 아이들의 문제에 관심을 갖게 된 마이코스키는 이 아이들을 지속적으로 돕고 싶은 생각이 들었다. 어떻게 이 아이들을 도울 수 있을까 생각하던 그는 아르헨티나의 전통 신발인 '알파르가타'라는 신발을 보고 영감을 얻어 신발을 만들기 시작했다. 이 신발은 아이들을 주기 위해 만든 신발이 아니었다. 블레이크가 생각한 방법은 바로 누군가 신발 한 켤레를 사면 한 켤레의 신발을 신발이 없는 제3세계의 아이들에게 기부해 주는 것이었다. 이렇게 Shoes for Tomorrow라는 뜻을 가진 탐스슈즈가 만들어졌다.

한 켤레를 구입하면 한 켤레를 아이들에게 기부해 준다는 이 신발의 신념 가치에 많은 고객들이 감동을 받고, 팬이 되었다. 게다가 스칼렛 요한슨 같은 유명한 할리우드 배우들이 탐스슈즈를 애용하면서 인기는 폭발적으로 증가했다. 전 세계 30여 개 나라에 지부를 둔 글로벌 브랜드로 성장한 탐스슈즈는 2010년에 백만 켤레의 신발을 아이들에게 기부할 정도로 많은 신발을 팔았다. 그리고 지금은 신발을 넘어 탐스 아이웨어라는 안경 브랜드까지 만들어, 안경을 구매하면 눈 관련 치료가 필요한 사람들에게 무료로 안과 치료를 해 주는 안경을 팔기 시작했다. 탐스슈즈가 만든 one for one(하나를 사면 하나를 기부해 주는 운동) 문화는 전 세계 많은 사람들을 돕고 있다.

현과삼촌 막시무스와 탐스슈즈의 공통점이 뭘까? 이 회사를 만든 사람들은 자기 주변에 존재하던 문제들에 관심을 갖고 그 문제들을 자신만의 방식으로 해결할 수 있는 방법을 찾고자 고민했다는 것이지. 즉, 단지 돈을 많이 벌어 나 혼자 잘 먹고 잘 살기 위해서 사업을 시작한 것이 아니라 사람들이 겪고 있는 불편이나 문제를 해결하기 위해 사업을 시작하게 된 거야.

우리는 이렇게 기업과 비즈니스를 통해 사회 문제들을 해결해 가는 사람들을 바로 사회적기업가라고 부른단다. 사회적기업가들은 기업의 본질인 이윤 추구에 사회 문제 해결이라는 책임을 더한 사회 혁신가들이라고 볼 수 있어.

'내 행복을 위해서 살기도 힘이 드는데 왜 굳이 우리가 사회 문제에 관심을 가져야 할까?' 혹시 이런 생각이 들지는 않니? 우리가 살고 있는 현대를 생각해 보렴. 옛날에 비해 행복을 위한 조건은 더 많이 늘어났지만, 사람들이 예전보다 더 행복하다고 말할 수 있을까? 예를 들어, 예전에 비해 집은 커졌지만 가족은 더 적어졌어. 인생은 더 편리해졌지만 너무 바빠서 시간은 더 부족해졌지. 가진 것은 몇 배가 되었지만 가치는 더 줄어들었어. 인류는 달에 갔다 왔지만, 길을 건너가 이웃을 만나기는 더 힘들어졌지. 세계 평화를 더 많이 얘기하지만 전쟁은 더 많아지고, 여가 시간은 늘어났어도 마음의 평화는 줄어들었지. 이건 삼촌의 이야기가 아니라 제프 딕슨(Geoff Dixon)이라는 경영자가 한 말이야. 예전에 비해 외적으로는 성장했지만 내적인 행복은 오히려 줄었다는 것을 꼬집은 거지. 그렇게 행복이 줄어든 이유 중 하나가 더불어 사는 따뜻함이 없어졌기 때문이 아닐까? 행복은 결국 다른 사람과의 따뜻한 관계를 통해서 만들어지는데, 친한 친구나 가족을 넘어 사회라는 더 큰 덩어리로서 서로 따뜻하게 나누며 산다면 그 기쁨은 더 커지지 않을까, 삼촌은 생각해.

물론 사회적기업이 아니더라도, NGO(non-governmental organization, 비정부기구)나 NPO(non-profit organization, 비영리단체) 같은 단체를 통해서도 더 나은 세상을 만나고 더불어 살기 위한 다양한 활동에 참여할 수 있단다. 재활용품을 판 수익금으로 어려운 이웃을 돕는 '아름다운가게'라는 상점도 비영리단체인 아름다운재단에서 나눔으로 더 좋은 세상을 만들기 위한 방법으로 운영하고 있는 거야.

이렇게 나만의 성공과 나만의 만족만을 위해서가 아닌, 지속적으로 함께 성장하고, 함께 잘 살 수 있는 세상을 만들기 위한 방법도 이 세상엔 아주 다양하게 펼쳐져 있단다. 사업의 방식이든, 아니면 이런 공익활동을 하는 비영리단체에 취업을 하든 말이야. 그러니 네가 사회적 가치를 중요하게 여긴다면 이런 방법도 공부해 보면 좋겠구나. 그리고 아래 홈페이지를 가 보면 더 많은 정보를 얻을 수 있을 거야.

한국사회적기업진흥원 블로그 http://blog.naver.com/se365company/
한국비영리민간단체 정보(한국NPO공동회의) http://npokorea.kr/
사회적기업 정보 온라인 플랫폼 '세상' http://www.se-sang.com/
공익스토리 플랫폼 '위스루프' http://www.wishloop.kr/main
사회혁신전문 미디어 '베네핏 매거진' http://www.benefit.is/
사회혁신 공모 플랫폼 '임팩트스푼' http://impactspoon.org/
세상을 바꾸는 시간, 15분 http://www.cbs.co.kr/tv/pgm/cbs15min/

나는 지금
뭘 할 수 있을까?

7장

Q 삼촌 말을 들으니 뭐가 중요한지 감이 잡히는 것 같아요. 그런데 뭐부터 해야 할지는 아직 잘 모르겠는데, 아직 어린 제가 무얼 시도해 볼 수 있을까요?

버스 정류장 표지판에 붙어 있는 빨간색 화살표를 본 적 있는 가? 이 화살표가 없었을 때는 지금 내가 있는 버스 정류장 방향이 내가 가려고 하는 방향의 정류장이 맞는지 확인하기가 어려웠다. 어느 날부터인가 표지판에 빨간색 화살표가 붙기 시작했다. 이제는 서울에 있는 모든 버스 표지판에서 이 화살표를 찾아볼 수 있게 되었다. 사람들은 더는 버스 방향이 맞는지 걱정할 일도, 버스 방향을 잘못 알고 타서 다시 돌아오는 일도 겪지 않게 되었다.

이 화살표는 누가 붙였을까? 많은 사람이 처음엔 당연히 공무원이 한 일인 줄 알았다. 그런데 알고 보니 평범한 대학생이 혼자 시작한 일이었다. 버스 정류장에서 방향을 늘 헷갈려 했던 그 대학생은 어느 날 다른 사람들도 자기처럼 방향 때문에 어려워하는 모습을 보게 되었다. 그날부터 그는 화살표를 가지고 다니면서 기회가 있을 때마다 화살표를 붙였다. 그렇게 화살표가 하나씩 늘어나더니 수십, 수백 개가 되었고, 이게 알려지면서 결국 모든 정류장에 정책적으로 화살표를 붙이게 된 것이다.

버스 정류장 화살표 붙이기 선행이 알려지면서 이 청년은 한 기업의 사회공헌 팀에서 일할 수 있는 기회까지 얻게 되었다.

"**천강삼촌**" 사실 버스 정류장 표지판에 화살표 하나씩 붙이는 일은 누구나 마음먹으면 손쉽게 할 수 있는 일이야. 그러나 평소에 사람들이 일상에서 겪는 불편을 관심 있게 살펴보지 않으면 또 쉽게 발견하지 못하는 일이기도 하지.

재능기부라는 말을 들어 본 적 있니? 물질적인 기부 이외에도 누구나 자신이 가진 재능과 능력을 다른 사람을 위해 나누는 활동이야. 2010년에는 아직 우리나라에서 재능기부라는 말과 문화가 많이 알려지지 않은 상황이었지. 삼촌은 주변 사람들을 보며 누구나 재능이 하나씩은 있다는 사실을 알게 되었어. 그리고 그 재능을 돈을 버는 데만 쓸 것이 아니라 소외된 이웃들에게 나눌 수 있다면 분명 조금이나마 더 좋은 세상을 만드는 데 도움이 될 것 같다는 생각을 했지.

그런데 그렇게 깨닫고도 삼촌은 어떤 재능을, 누구에게, 어떻게 나눠야 할지에 대해선 막연했어. 경험이 없었거든. '재능을 모아서 소외된 아이들에게 나눠야겠다.'라는 생각만 있었을 뿐이지. 삼촌은 우선 사람들이 많이 모이는 온라인 커뮤니티에 삼촌이 생각하는 재능기부의 내용과 재능기부가 필요하다고 생각한 이유들을 글로 써서 올렸단다. 신기하게도 그 글을 읽고서 많은 사람들이 공감을 해 주었어. 삼촌과 같은 생각을 하고 있는 사람들이 많다는 사실을 알게 되었어.

그리고 그렇게 2010년에 6명이 모여 시작한 재능기부 단체 '끼친(끼를 나누는 친구들)'은 4년이 지나 1000명이 넘는 재능기부자가 가입한, 우리나라에서 재능기부를 대표하는 하나의 민간단체로 성장했어. 처음엔 한강에 가서 쓰레기를 줍는 작은 활동으로 시작을 했는데, 꾸준히 재능을 나누고 재능을 나눌 사람들이 많아지면서 지금은 소외 아동 정서 지원 활동, 청소년 진로 멘토링, 아이스하키 재능기부 활동 등 건강하고 다양한 재능기부 활동을 할 수 있게 되었어. 만약 삼촌이 인터넷에 글을 올려 함께 재능을 나눌 사람들을 모으지 않았다면, 그리고 재능을 나누고 싶은 아이들과 만나기가 어렵다고 한강에 나가 쓰레기를 줍는 활동조차 하지 않았다면 지금의 끼친이라는 재능기부 단체도 없었을 거야.

오해는 하지 말길. 삼촌처럼 어른이 되어야만 할 수 있는 것이라 생각하지 않았으면 좋겠어. 작은 일이라도 주변 사람들에게 도움이 될 수 있는 일이라면, 사람들을 모아 시작해 보면 돼. 서울 양천구에 있는 광영여자고등학교에는 '대한민국 홍보부'라는 동아리가 있어. 이 동아리에서는 위안부 피해자 할머니 분들을 돕기 위한 활동인 '100만 인 나비뱃지 달기 운동'을 진행하고 있어. 위안부 피해 할머니들의 모습과 이야기를 접한 동아리 학생들이 자발적으로 이 운동을 시작했어. 생각했던 것보다 더 많은 반응을 일으켰고, 지금은 아이돌 연예인들까지 함께 참여할 정도로 널리 알려졌단다. 처음엔 학교 축제에서 나비뱃지를 만들어 판매하는 것으로 시작했는데, 한 시간 만에 모두 팔리고 이후 학교 근처 지역에서 이 나비뱃지를 알리면서 더 많은 주문이 들어오게 되었지.

'행복전달 프로젝트'라는 물물교환 프로젝트를 시작한 청소년도 있단다. 몇 년 전에 캐나다의 한 청년이 빨간 클립 한 개로 물물교환을 시작해서 총 14번의 교환 끝에 집 한 채를 갖게 된 '빨간 클립 이야기'를 들어 본 적 있니? 그 이야기를 들은 우리나라의 한 청소년이 비슷한 개념으로 행복전달 프로젝트를 시작했어. 물물교환을 통해 가치를 키워서 그 수익을 도움이 필요한 사람들에게 기부하겠다는 생각이었지. 이 청소년의 생각과 행동에 감동한 많은 사람들이 처음엔 작게 시작한 물물교환 물건을 자신의 명품가방, 아이패드처럼 값비싼 물건으로 흔쾌히 교환해 주었지. 이 교환으로 만들어진 수익은 많은 어려운 이웃을 위해 쓰여졌고 말이야.

삼촌은 이 친구들 이야기를 들으면서 청소년들에게도 의미 있는 활동을 할 수 있는 기회가 열려 있다는 생각을 했어. 청소년이라서 더 관심을 갖고 도와주는 사람들이 있다는 것도 알게 되었고. 막연하게만 동경하던 일에 직접 도전해 보고 경험하면서 성장한다는 것, 참 멋지지 않니? 게다가 그렇게 다른 누군가를 도울 수 있다면 그 가치는 정말 소중한 것이겠지.

이렇게 학교 안에서든 밖에서든, 의지가 있다면 시간을 쪼개어 의미 있는 활동을 할 수 있는 기회를 만들 수 있다는 사실을 잊지 마. 네가 무언가 필요하다고 생각하고, 하고 싶다고 생각하는 활동이 있다면 혼자 고민하지 말고 주변 사람들이나 온라인을 통해 생각과 마음이 맞는 사람들을 찾아보렴. 함께하는 사람이 많아질수록 가능성은 더 커지고 생각보다 너를 돕는 사람들이 많다는 사실을 알게 될 거야. 그리고 무엇보다 스스로 생각하고 실행하는 과정을 통해 내가 가진 재능과 적성을 더 정확히 만나 내 꿈에 가까이 가게 되는 선물을 받게 될 수도 있단다.

지금, 방황해도 괜찮아

길을 잘 못 찾는 방향치인 삼촌은 여행을 갈 때면 항상 나침반을 들고 다녀. 몇 해 전 여행 가방 속에서 나침반이 떨어졌어. 바늘이 빙글빙글 돌기 시작했지. 쭈그리고 앉아서 그 모습을 물끄러미 지켜보다가 재미있는 사실 하나를 발견했어. 나침반이 멈추기 전까지, 바늘의 움직임을 네 단계로 구분할 수 있다는 사실이었어. 그리고 이 네 단계가 인생의 방향을 찾아가는 것과도 똑같다는 사실을 우연히 알게 되었지.

방황
Chaos

나침반이 바닥에 떨어지면 바늘은 방향을 잃은 듯 빙그르르 돌기 시작해. 추락하고 부딪히며 방황하는 청소년기처럼 말이야. 시간은 그저 표류하듯 지나가고 자신이 한없이 게으름뱅이처럼 느껴질 때도 있지.

모색
Explore

빠르게 돌던 바늘은 서서히 속도를 늦추고 어느 점에서 적극적으로 방향을 꺾어. 그리고 이때부터 좌우로 몸을 크게 흔들며 서서히 한곳을 향해 수렴하지. 방황하던 청소년이 그 문턱을 빠져나와 이것저것 시도해 보며 자신에게 가장 잘 어울리는 길을 탐색하기 시작하지.

두려움
Tremor

바늘이 한 방향을 향해 멈추는 듯하더니 파르르 떨기 시작해. 자신의 길을 찾았다고 믿지만 부모님의 반대, 가난에 대한 두려움 등 냉혹한 현실과 마주하는 순간 두려움과 자기 의심이 한꺼번에 물밀듯 밀려 와. 벌거벗은 채 세상과 마주하는 순간이지.

확신
Settle

마침내 바늘은 확고하게 한곳을 가리키며 움직이지 않아. 그러나 자세히 들여다보면 바늘의 미세한 떨림은 수명이 다하기 전까지 멈추지 않지. 자신의 길을 확실히 찾은 청소년이라 할지라도 두려움과 의심은 결코 없어지지 않겠지.

스스로에게 한번 물어보렴. 너는 지금 이 단계 중 어디쯤 와 있는 것 같니? 너에게 주어진 몇몇 해가 지나고, 몇몇 날이 지났는데 그래, 넌 네 인생 어디쯤에 와 있니? 혹시 넌 방황하고 있지는 않니? 어디로 가야 할지 몰라 불안한 마음에 일단 남들 가는 대로 따라가고 있는 건 아닌지? 남들 따라 가는 길은 안전하고 편한 길이지만, 한 번뿐인 삶을 나의 길을 만들지 못하고, 남의 길을 따라 온 경험들로만 채운다면 아쉽고 후회스럽지 않을까?

삼촌이 생각하기에 본래 청소년기는 '방황'과 '모색'이 공존하는 시기가 아닌가 싶어. 무언가를 이루어야 하는 시기는 분명히 아니지. 그렇다고 어떤 뚜렷한 목표를 이루기 위해 모든 것을 걸어야 하는 시기 또한 아니야. 오히려 모든 것을 '어디에' 걸지 그 방향을 알아보고 준비하는 시기가 10대가 아닐까?

역설적이게도 '방향'을 정하려면 '방황'을 많이 해 봐야 해. 제대로 한 곳을 가리키기 전에 빙글빙글 돌아 봐야 하는 거지. 삼촌은 이걸 '창조적 방황'이라 부르고 싶어. 실제로 많은 위대한 사람들이 어린 시절 동안 많이 방황했고, 그 방황을 통해 새로운 인생을 살기 시작해. 마치 우리가 여행을 할 때, 길을 잃어 보아야 새로운 길을 찾을 수 있는 것처럼 말이야.

마하트마 간디나 백범 김구 같은 위인에서부터 빌 게이츠나 스티브 잡스 같은 사업가들 모두 청소년과 대학 시절 많이 방황했던 것으로 알려져 있어. 그들도 모두 어린 시절에는 약점투성이에 방황하고 고뇌하는 보통 청소년이었어. 스스로 자기를 평범하거나 그만도 못한 신통치 않은 사람이라고 여겼었지. 그러다가 우연한 계기로 여러 번의 방황을 하게 되지. 그리고 놀랍게도 그 '방황'이 자신에 대해 알아가는 시간이 돼. 위인들의 '아름답기만 한' 미화된 자서전이 아닌 솔직한 자서전을 구해서 한 권 읽어 보렴. 삼촌 말이 거짓말이 아니란 걸 알게 될 거야. 모든 위대한 인물들은 대부분 아주 오랫동안 깊이 방황했다는 사실을 확인하게 될 거야.

삼촌들은 이 책에서 10대의 '어리둥절 방황'을 어떻게 하면 '창조적 방황'으로 돌려놓을 수 있는지 이야기하고 싶었어. 사실 답은 간단했지. 이것저것 시도해 보는 거야. 삼촌이 우물을 파기 전에 먼저 '시추'를 해야 한다고 했던 것 기억하지? 여기저기를 파 보는 거야. 그런데 좌충우돌 아무거나 막 해 보는 게 아니라 인생에서 중요한 두 가지 질문, 즉 내가 좋아하는 게 무엇이고 잘하는 게 무엇인지 질문을 품고 그 질문의 안내에 따라 실험해 보라는 것이었어. 방황은 방황인데, 나를 발견하기 위해 '질문하는 방황', 우리에겐 이 시기가 꼭 필요해.

덴마크에서는 청소년들이 중학교를 졸업하고 고등학교를 진학하기 전에 1년간 애프터스쿨(After school)을 다니기도 해. 우리나라의 몇 시간짜리 방과 후 수업과는 완전히 다른 거야. 아예 1년을 통째로 빼내 만든 '인생설계 학교'지. 이 1년 동안 청소년들은 자기가 하고 싶은 걸 마음껏 해 보게 돼. 덴마크에는 여러 가지 분야의 애프터스쿨이 있는데, 스포츠 인생학교 같은 데는 아침 8시부터 저녁까지 축구만 해. 음악 학교에서는 노래하고 춤추고 악기를 연주하지. 그렇게 자기 재능과 꿈을 실험해 보는 거야.

이 시간을 통해 학생들은 좋아하는 것을 스스로 선택하게 되지. '35살이 되면 어떤 인생을 살까'라는 정식 과목을 통해 1년간 네 번 자신의 인생 계획을 짜기도 해. 그들은 국어나 수학만이 아니라 '스스로 결정하는 법'과 '어떻게 살 것인가'를 배우는 거야. 그래서일까? 덴마크는 2014년 전 세계 행복지수 조사에서 행복도 1위였어. 직업만족도에서도 OECD(경제협력개발기구) 국가 중 1위를 차지했지. 이렇게 '창조적인 방황'을 장려하는 나라에 살고 있다면 얼마나 좋을까?

너무 상심하지 마. 중요한 건 우리도 할 수 있다는 거야. 스스로 그런 인생설계 학교를 계획해서 마음껏 방황해 보는 거야. 방학을 이용해도 좋고 학교를 다니면서도 충분히 할 수 있어. 마음 맞는 친구들과 함께 해도 좋고, 혼자도 괜찮아. 부모님의 지지와 도움을 받을 수 있다면 좋겠지만 없어도 괜찮아. 왜냐하면 어려운 일이 아니니까. 단지 지금까지 시도해 보지 않았던 것이지. 자기 탐색은 방법이 어렵거나 오랜 시간이 필요한 게 아니거든. 꾸준히 스스로에게 질문하고 이것저것 시도해 보는 자세가 중요해.

인생은 모두가 똑같이 한길로만 달려야 하는 마라톤 경주가 아니야.

인생에는 여러 가지 길이 있어. 방황하면서 스스로 실험하고 모색해 보렴. 이 길이다 싶으면 헌신하고 모든 것을 걸어 보는 거야. 그런데 그 길이 아니라 하더라도 실망할 필요는 없어. 생각지도 못했던 또 다른 길을 만나게 될 테니까. 슬퍼하지 말고 새 길로 가면 되는 거야. 인생과 성공이라는 것에 정해진 길이나 정답은 없으니까. 그러니 너만의 행복하고 훌륭하고 성공적인 삶은 무엇일까 치열하게 고민하고, 길을 만들 수 있는 용기를 가지려무나.

삼촌들은 실패를 두려워하지 말고 용기를 가지라는 말은 하지 않을게. 그건 이 책이 아닌 다른 책, 아니 굳이 책이 아니더라도 주변에서 늘 듣는 말일 테니까. 다만 삼촌은 너의 '방황'은 절대 '실패'가 아니라는 걸 다시 한 번 강조하고 싶어. 방황하면서 마주하게 될 여러 가지 어려움들은 행복을 향하는 길에서 꼭 만나야 하는 이정표 같은 거야. 이정표조차 없다면 얼마나 무섭고 힘들겠니?

혼자 여행을 하다 보면 가끔 길을 잃기도 해. 주저앉아 울기도 하지. 그런데 그거 아니? 그렇게 길을 잃고 헤매어 보아야 사람들이 모르는 '새로운 길'을 만나게 된다는 거 말이야. 길을 잃지 않으면 사람들이 다니던 길로만 다니게 돼. 우리 인생도 똑같아서, 길을 잃고 방황해 보아야 새로운 길을 만날 수 있단다. 네가 포기하고 싶은 상황에서도 용기를 잃지만 않는다면 말이야.

부디, 방향을 찾기 위한 방황을 멈추지 마. 스스로에게 질문을 하면서 내면 깊숙한 곳의 나침반이 가리키는 방향을 들여다보는 거야. 슬퍼지는 날도 있을 거야. 오히려 길을 잃은 듯 여겨지는 날도 있겠지. 눈물이 멈추지 않는 날도, 죽을 만큼 외로운 순간이 올지도 몰라. 그러나 우리를 괴롭게 하는 이 어둠 속 어딘가에서 기쁨이 가득한 나의 길을 발견하는 날도 반드시 올 거야. 시인 라이너 마리아 릴케의 이 말을 기억하렴.

"인생에서 중요한 질문 하나를 가슴에 품고 살아가면, 언젠가 그 답 속에 살고 있는 자신과 만나게 될 것이다."

부록

1

다중지능 검사 지능별 설명

2

MBTI 8가지 성격 유형별 설명

3

MMTIC 기질별 학습 태도 및 16가지 어린이 · 청소년 성격 유형 특징

다중지능 검사 지능별 설명

문용린, 《지력혁명》(비즈니스북스, 2009) 참조

자기성찰 지능(intrapersonal intelligence)

• 자기성찰 지능(intrapersonal intelligence) : 자기 자신을 느끼고, 자기감정의 범위와 종류를 구별해 내며 그런 감정에 이름을 붙이고, 자신과 관련된 문제를 잘 풀어내는 능력이다. 이 지능이 높은 사람은 '나는 누구인가?' '나는 지금 어떤 감정을 갖고 있는가?' '왜 이렇게 행동하는가?' 같은 질문을 스스로 묻고 답하는 데 어려움이 없다. 자신의 신념을 위해 개인적인 이득을 버리는 사람 중에 자기성찰 지능이 높은 경우가 많다.

하위 영역	지식적 측면	기능적 측면
감정 인식	자신의 감정에 대한 인식력	자기감정의 적절한 조절력
능력 인식	자신의 능력에 대한 인식력	능력을 적절히 조절하고 개발하는 능력
미래 계획	자신의 미래에 대한 인식력	미래를 위한 감정과 행동의 조절 및 준비

• 자기성찰 지능이 높은 사람의 특징

    (1) 특정한 활동에 대한 좋고 싫음이 분명하며 그것을 잘 표현한다.

    (2) 감정 전달을 잘한다.

    (3) 스스로의 강점과 약점을 명확히 인식한다.

    (4) 신념이 강하다.

    (5) 적절한 목표를 설정한다.

    (6) 야심을 가지고 일한다.

인간친화 지능(interpersonal intelligence)

• 인간친화 지능(interpersonal intelligence) : 이것은 다른 사람들과 교류하고 이해하며, 그들의 행동을 해석하는 능력을 가리킨다. 즉, 다른 사람의 기분이나 동기, 바람을 잘 이해하고 그에 적절하게 반응할 수 있는 능력이다. 대인 관계를 잘 이끌어 가는 사람들은 대부분 인간친화 지능이 높다. 이 지능이 뛰어난 사람은 친구를 많이 사귀고, 흔히 '마당발'로 불린다.

하위 영역	지식적 측면	기능적 측면
개인 관련	타인을 인식하는 데 필요한 요소 (외모, 목소리, 성향, 감정) 인식력	타인을 이해하고 적절히 다룰 수 있는 능력
집단 관련	집단의 특성을 인식하는 데 필요한 요소 인식력	집단의 문제를 해결하고 이끌어 갈 수 있는 리더십

• 인간친화 지능이 높은 사람의 특징

    (1) 타인에 대한 감정이입이 뛰어나다.

    (2) 또래들 사이에서 인기가 많다.

    (3) 또래 또는 나이가 많고 적음에 상관없이 사람들과 잘 사귄다.

    (4) 리더십이 강하다.

    (5) 다른 사람과 협동하여 일하는 데 능숙하다.

    (6) 다른 사람의 느낌에 민감하다.

    (7) 중개인이나 카운슬러 역할을 자주 한다.

신체운동 지능(bodily-kinesthetic intelligence)

• 신체운동 지능(bodily-kinesthetic intelligence) : 춤, 운동, 연기 등의 상징체계를 쉽게 익히고 창조하는 능력이다. 이 지능이 발달한 사람은 신체적 활동에 쉽게 몰입하여 즐길 수 있으며, 무용이나 연극 등에서 신체로 자신의 내면세계를 표현하는 데 뛰어난 재능을 보인다. 또한 손으로 다루는 능력이 뛰어나 손재주가 있다는 말을 많이 듣는다. 쉬운 예로 자동차 운전이나 자전거를 다른 사람보다 빨리 쉽게 배운다.

하위 영역	지식적 측면	기능적 측면
운동	힘, 리듬, 속도 등 운동에 필요한 요소 인식력	운동을 할 때 필요한 요소들을 적절히 활용해 균형감 있게 적용할 수 있는 능력
신체 작업	손의 기능과 적절한 사용법 인식력	도구를 적절히 활용할 수 있는 능력
신체 예술	신체 동작의 다양한 상징 인식력	효과적으로 표현할 수 있는 능력

• 신체운동 지능이 높은 사람의 특징

　　(1) 신체적으로 좋은 균형 감각을 갖고 있다.

　　(2) 손과 눈, 손과 발의 협응 기능이 좋다.

　　(3) 리듬 감각이 있다.

　　(4) 문제를 직접 몸으로 접해 보고 해결하려는 경향이 있다.

　　(5) 우아한 움직임을 연출할 줄 안다.

　　(6) 제스처를 통해 생각을 전달하는 데 능숙하다.

　　(7) 상대방의 신체 언어를 잘 읽어 낸다.

　　(8) 도구와 물체를 다루고 조절하는 것에 쉽고 빠르게 적응한다.

공간 지능(spatial intelligence)

• 공간 지능(spatial intelligence) : 도형, 그림, 지도, 입체 설계 등의 공간적 상징체계에 소질과 적성을 보이는 사람들이 가지고 있는 능력을 말한다. 공간 지능은 색깔, 선, 모양, 형태, 공간, 그리고 이런 요소들 사이의 관계에 대한 민감성과 관련이 있다. 이 지능이 높은 사람은 물건을 보기 좋게 배치하거나 새로운 물건을 만들고, 낯선 곳에서 길을 찾는 데 능하다. 또한 아이디어를 도표, 지도, 그림 등으로 잘 나타내고, 시각적으로 표현하는 디자인, 그림 그리기, 만들기 등을 좋아한다. 조종사, 디자이너, 건축가 등에게서 높은 공간 지능을 발견할 수 있다.

하위영역	지식적 측면	기능적 측면
공간요소관계	원근, 방향, 길이 등 공간에 포함된 요소 인식력	공간 관계를 효과적으로 표현하는 능력
평면 예술	평면 예술에서의 다양한 공간 요소 인식력	평면에 공간적인 특성을 표현할 수 있는 능력
공간및입체예술	공간 속에 포함된 요소 인식력	입체감 있게 구성할 수 있는 능력

• 인간친화 지능이 높은 사람의 특징

    (1) 그림 그리기를 즐긴다.

    (2) 시각적인 세부 묘사에 뛰어나다.

    (3) 사물을 분해하기를 좋아한다.

    (4) 무엇인가 만들기를 좋아한다.

    (5) 퍼즐 놀이를 즐긴다.

    (6) 기계를 잘 다룬다.

    (7) 장소나 공간을 이미지로 기억한다.

    (8) 지도 해석에 뛰어나다.

    (9) 낙서를 좋아한다.

논리수학 지능(logical-mathematical intelligence)

• 논리수학 지능(logical-mathematical intelligence) : 숫자나 규칙, 명제 등의 상징 체계를 잘 익히고 창조하며, 그와 관련된 문제를 손쉽게 해결해 내는 능력을 가리킨다. 수학 이나 사회 현상 등 여러 대상에 대해 관심을 가지고 탐구하면서, 논리적으로 추론하여 규칙이 나 법칙을 발견하거나 체계를 마련할 수 있는 능력이 이 지능에 해당한다. 이 지능이 높은 사 람은 숫자에 강하고 차량번호나 전화번호 등을 남들보다 잘 기억하는 경우가 많다.

하위 영역	지식적 측면	기능적 측면
수 계산	수의 개념을 인식하고 부호화하는 능력	각종 계산을 할 수 있는 능력
논리적 사고	인과 관계의 의미 인식력	다양한 요소들을 분류하고 범주화하고 유추할 수 있는 능력
가설 검증	진술문 또는 명제 인식력	가설을 논리적으로 푸는 능력

• 논리수학 지능이 높은 사람의 특징

　　(1) 다양한 퍼즐 게임을 즐긴다.

　　(2) 숫자를 가지고 논다.

　　(3) 사물의 작용과 운동 원리에 관심이 많다.

　　(4) 규칙에 바탕을 둔 활동 성향을 지닌다.

　　(5) '만일 ~라면' 식의 논리에 관심이 많다.

　　(6) 사물을 모으고 분류하는 것을 좋아한다.

　　(7) 분석적으로 문제에 접근한다.

음악 지능(musical intelligence)

• 음악 지능(musical intelligence) : 가락, 리듬, 소리, 진동 등 음악적 상징체계에 민감하고, 그러한 상징을 창조할 수 있는 능력을 말한다. 음악 지능이 뛰어난 사람은 노래를 부르거나 악기를 다루거나 새로운 곡을 창작하거나 감상하는 능력이 뛰어나다. 이런 사람들은 사람 목소리와 같은 언어적인 소리뿐 아니라 언어가 아닌 소리에도 예민한 경향이 있다.

하위 영역	지식적 측면	기능적 측면
부르기	멜로디, 박자 등의 인식력	부르기에 필요한 요소를 조화롭게 활용할 줄 아는 능력
연주	악기와 악보 인식력	악기를 효과적으로 연주할 수 있는 능력
작곡	작곡의 원리 인식력	곡을 구성할 수 있는 능력
감상	곡의 장르와 내용 인식력	상황에 적절한 곡 선택의 능력

• 음악 지능이 높은 사람의 특징

    (1) 소리 패턴에 민감하다.
    (2) 자주 노래를 흥얼거린다.
    (3) 리듬에 따라 박자를 맞추거나 몸을 흔든다.
    (4) 소리를 쉽게 구별한다.
    (5) 음에 대한 감각이 좋다.
    (6) 리듬에 맞추어 움직이는 데 능하다.
    (7) 박자 변화에 따라 운동 패턴을 조절한다.
    (8) 음조와 소리 패턴을 기억한다.
    (9) 음악과 관련된 경험을 추구하고 즐긴다.

언어 지능(linguistic intelligence)

• 언어 지능(linguistic intelligence) : 말과 글이라는 상징체계에 대한 소견과 적성이 뛰어난 사람이 지니는 능력이다. 즉, 단어의 소리, 리듬, 의미에 대한 감수성이나 언어의 다른 기능에 대한 민감성 등과 관련된 능력이다. 이 지능이 높은 사람은 글이나 말을 통해 생각이나 느낌을 잘 표현하고, 유머나 말 잇기 게임, 낱말 맞추기 등에 능하다. 언어 지능이 높은 사람은 표현력이 좋아 달변가로 불리고, 글로 사람들을 울리거나 웃음을 자아내는 능력이 있다.

하위 영역	지식적 측면	기능적 측면
말하기	문법과 어휘 인식력	말을 통해 설득력 있게 표현할 수 있는 능력
쓰기	글로 논리적 맥락을 부여하는 능력	쓰기에 필요한 적절한 방법을 활용할 수 있는 능력
읽기	글의 맥락과 논리적 흐름을 파악하는 능력	글의 분위기를 파악하여 적절하게 표현할 수 있는 능력
듣기	듣기에 필요한 요소 인식력	기존의 지식과 통합해 가며 논리적으로 들을 수 있는 능력

• 언어 지능이 높은 사람의 특징

    (1) 질문, 특히 '왜?'라는 질문을 자주 한다.
    (2) 말하기를 즐긴다.
    (3) 어휘력이 풍부하다.
    (4) 두 가지 이상의 외국어를 구사하기도 한다.
    (5) 새로운 언어를 쉽게 배운다.
    (6) 단어 게임, 말장난, 말로 다른 사람 웃기는 일 등을 잘한다.
    (7) 책이나 잡지 등 읽는 것을 즐긴다.
    (8) 다양한 종류의 글쓰기를 즐긴다.
    (9) 언어의 기능을 잘 이해한다.

자연친화 지능(naturalist intelligence)

• 자연친화 지능(naturalist intelligence) : 이 지능은 식물이나 동물 또는 자신이 살아가고 있는 환경에 관심을 가지고, 그 인식과 분류에 탁월한 전문 지식과 기술을 발휘하는 능력을 말한다. 자연친화 지능이 높은 사람은 자연친화적이고 동물이나 식물 채집을 좋아하며, 이를 구별하고 분류하는 능력이 뛰어나다. 이런 사람들은 산에 가면 나무와 꽃의 모양이나 크기 등에 관심을 많이 보인다.

하위 영역	지식적 측면	기능적 측면
동식물, 광물에 대한 인식 및 문제 해결	분류하고 특징을 파악할 수 있는 능력	동식물 등이 갖고 있는 문제를 적절히 해결할 수 있는 능력

• 인간친화 지능이 높은 사람의 특징

　　(1) 새, 꽃, 나무 등 동식물에 관심이 많다.

　　(2) 동식물의 습성과 생리에 깊은 관심을 보인다.

　　(3) 인공적인 환경보다 자연적인 환경을 선호하는 편이다.

　　(4) 자연물의 관찰에 상당한 시간을 할애한다.

　　(5) 곤충, 파충류 등에 대한 혐오감이 상대적으로 덜하다.

　　(6) 화분 등의 관리에 남다른 열정이 있다.

MBTI 8가지 성격 유형별 설명

Extraversion 외향(E) – **에너지의 방향** – 내향(I) Introversion

에너지를 어떤 방향으로 쓰는가? 외부인가 내면인가?

Sensing 감각(S) – **인식 기능** – 직관(N) iNtuition

정보를 어떻게 인식하고 취득하는가? 오감인가 직관인가?

Thinking 사고(T) – **판단 기능** – 감정(F) Feeling

어디에 초점을 두고 결정을 내리는가? 이성인가 감성인가?

Judging 판단(J) – **생활양식** – 인식(P) Perceiving

어떤 라이프 스타일을 채택하는가? 계획적인가 수용적인가?

8가지 선호지표(E, I, S, N, T, F, J, P)

외향 (E)	에너지를 주로 외부의 사람이나 사물에 쏟는다. 외향형의 사람은 환경에 영향력을 행사하고 싶어 한다. 부단히 외부 환경의 자극을 찾아 나서고 행동 지향적이고 때로는 충동적으로 사람들을 만난다. 솔직하고, 말하기를 즐기고, 사교성이 좋다. 즉, 폭넓은 대인 관계를 유지하고 사교적이며 정열적이고 활동적이다. • 자기 외부에 주의 집중　　• 말로 표현하는 것을 좋아함 • 외부활동과 적극성　　　　• 먼저 행동한 다음에 이해하려고 함 • 정열적, 활동적　　　　　　• 사람들에게 쉽게 알려짐 • 폭넓은 대인 관계(다수)　　• 여러 사람과 동시 대화 가능 • 사교성이 있음　　　　　　• 사람들과 이야기함으로써 에너지를 충전
내향 (I)	외부 세계보다는 자신의 내부 생각에 관심이 많아 자기 자신에게 몰입한다. 즉, 관심을 쏟는 것은 자기 내부 세계의 개념이나 관념이다. 지속적인 개념을 더 신뢰하며, 사려 깊고 주위와 떨어져 생각에 잠기기를 좋아하고, 고독과 사생활을 즐긴다. 깊이 있는 대인 관계를 유지하며 조용하고 신중하며 이해한 다음에 행동한다. • 자기 내부에 주의 집중　　• 글로 표현하는 것을 좋아함 • 내부활동과 집중력　　　　• 스스로 이해한 다음에 경험하려고 함 • 조용한, 신중한　　　　　　• 사람들에게 서서히 알려짐 • 깊이 있는 대화(소수)　　　• 1:1의 대화를 좋아함 • 자기 공간이 필요함　　　　• 혼자 있는 시간을 통해 에너지를 충전

감각 (S)	감각이란 우리의 기관을 통해 관찰하는 인식을 말한다. 직접적인 경험에 초점을 맞추며, 현재를 즐길 줄 알고 구체적이고 실제적이며, 관찰 능력이 뛰어나고 상세한 것까지 잘 기억한다. 오감에 의존하며 실제의 경험을 중시하고 지금-현실에 초점을 맞추어 정확하고 철저하게 일처리를 한다. • 지금/현재를 중요시함　　• 사실적으로 사건을 묘사함 • 실제 자기가 경험한 것 중시　　• 숲보다는 나무를 보려는 경향 • 정확하고 철저한 일처리　　• 가꾸고 추수하는 것을 중요시함 • 정해진 규칙을 따르는 경향　　• 사실적이고 구체적 • 실태 파악　　• 미래를 생각하기보다는 현실을 수용함
직관 (N)	직관이란 통찰을 통해 가능성, 의미, 관계를 인식하는 것을 말한다. 구체적인 현실을 보기보다는 가능성을 추구하여 상상적, 이론적, 추상적, 미래지향적 또는 창조적인 특징을 발달시키는 유형이다. 육감 내지 영감에 의존하며 가능성과 의미를 추구하고 신속, 비약적으로 일처리를 한다. • 미래, 가능성에 초점　　• 비유적, 암시적 묘사 • 아이디어　　• 숲을 보려는 경향 • 신속하고 비약적인 일처리　　• 씨 뿌림 • 새로운 시도를 하려는 경향　　• 상상적이고 영감적 • 가능성과 의미 추구　　• 현재보다는 미래를 지향함

사고 (T)	아이디어를 논리적으로 연관시키는 기능이다. 인정에 얽매이지 않고 인과원리에 따라 사고한다. 분석적, 객관적이고 정의와 공정성의 원리에 관심을 기울이며 비판적이고, 과거-현재-미래 사이의 관계를 중시한다. 진실과 사실에 주로 관심을 갖고 논리적이고 분석적이며 객관적으로 사실을 판단한다. • 진실, 사실에 주된 관심 • 원리와 원칙을 중요시함 • 논리적, 분석적 • 옳고 그름을 따지는 편 • 간단명료하게 설명함 • '맞다, 틀리다'로 판단함 • 규범, 기준을 중요시함 • 지식을 비판하길 좋아함 • 객관적 진실을 중요시함 • 가슴보다는 머리로 결정
감정 (F)	상대적인 가치와 문제의 장점 등을 고려하여 의사 결정을 하도록 하는 기능이다. 개인이나 집단의 가치를 중시한다. 사고형보다 주관적이다. 자기 자신이나 타인의 가치를 더 중요하게 여기며, 의사결정을 할 때에도 상대방의 입장을 고려하기 때문에 상대방을 이해하려고 하고, 어떤 문제에 있어서도 기술적인 측면보다는 인간적인 측면을 중시하고, 친화와 온정과 조화를 바라며, 과거의 가치를 중시한다. 즉, 사람과의 관계에 주로 관심을 갖고 주변 상황을 고려하여 판단한다. • 사람, 관계에 주로 관심 • 의미와 영향을 중요시함 • 상황적, 포괄적 • 사람들과의 조화를 중시함 • 양념을 곁들여 설명함 • '좋다, 나쁘다'로 판단함 • 나에게 주는 의미를 중시 • 사람들을 잘 돕는 편임 • 객관적 진실보다 사람 관계를 중요시함 • 머리보다는 가슴으로 결정

판단 (J)	빨리 결정을 내리려고 하고, 주어지는 정보를 느긋하게 받아들이는 것이 아니라 결정을 내릴 수 있는 만큼의 정보를 얻었다 싶으면 재빨리 결론에 도달하려한다. 계획을 잘 수립하고 체계적으로 활동을 편다. 바깥으로 드러나는 행동들을 보면 행동들이 조직화되어 있고 목표가 뚜렷하며 확고해 보인다. 즉, 분명한 목적과 방향이 있으며 기한을 엄수하고 철저히 사전에 계획하고 체계적이다. • 정리정돈과 계획이 중요함 • 분명한 목적과 방향을 가지고 있음 • 강한 의지와 추진력 • 뚜렷한 기준과 자기의사 표현 • 빨리 결론을 내리려고 함 • 통제와 조정을 중요하게 생각 • 결정하는 것을 좋아함 • 체계적으로 문제를 풀어 나감 • 계획에 따라 사는 것을 선호 • 적절한 폐쇄공간에서 일하는 것을 좋아함
인식 (P)	자기에게 들어오는 정보 그 자체를 즐긴다. 개방적이고 호기심이 많고 관심이 많다. 외부를 나타내는 행동들을 보면, 자발적이고 호기심이 많고 적응력이 높으며, 새로운 사건이나 변화에 개방적이며 아무것도 놓치지 않고 받아들이려한다. 즉, 목적과 방향은 변화 가능하고 상황에 따라 일정을 변경할 수 있으며 자율적이고 융통성이 있다. • 계획보다는 상황에 맞춰 유연함 • 목적과 방향은 변경 가능하다는 개방성 • 이해하며 받아들임 • 재량에 따라 처리될 수 있는 포용성 • 유유자적한 과정 • 융통과 적응을 중요하게 생각함 • '뜻밖에 벌어지는 일'을 즐김 • 자율적으로 문제를 풀어 나감 • 유연하게 시간을 쓰는 편 • 개방적 공간에서 일하는 것을 좋아함

[부록3] MMTIC 기질별 학습 태도 및 16가지 어린이·청소년 성격 유형 특징

(주)한국 MBTI 연구소의 《MMTIC 과정》 교재에서 인용

SJ 감각형 · 판단형(학습 태도)

- 모범생 (규칙, 과제물, 준비물 철저 준수)
- 학급의 보배 (교사의 보조역할)
- 짜인 수업 선호
- 교사 중심의 주입식 수업 선호
- 교과서, 참고서, 문제집 선호
- 단답형, 선택형 시험 선호

ISTJ 성격 유형	- 부끄러움을 많이 탄다. - 성실하고 책임감이 강하다. - 정리정돈을 잘한다. - 자발성이 부족한 편이다. - 표현이 적으며, 표정의 변화가 없다. - 절약과 준비 정신이 철저하다. - 양처럼 순하고, 순종적이다. - 외유내강의 느낌을 준다. - 자세가 바르며, 계획을 세워 공부한다. - 자세한 설명을 선호한다. - 창의적인 면과 융통성이 부족한 편이다.	ESTJ 성격 유형	- 모범적이고 솔선수범한다. - 활발하다. - 정리정돈을 잘하고 책임감이 강하다. - 웃어른을 공경하고 예의가 바르다. - 합리적으로 생각한다. - 친구나 주변 사람을 배려하는 리더 역할을 잘한다. - 공정한 것을 선호한다. - 경쟁에서는 이겨야 한다. - 여러 친구와 두루 잘 지낸다. - 질서와 사회적인 관습을 중시한다. - 친절하다.
ISFJ 성격 유형	- 온순하다. - 성실하고 책임감이 강하다. - 봉사적이며 착하다. - 소수와 깊게 사귄다. - 인내심이 있으며, 꾸준하다. - 은근한 멋쟁이다. - 준비물을 잘 챙긴다. - 규칙을 준수하며 계획적이다. - 행동력이 부족하다. - 신뢰감이 간다. - 변화를 싫어한다.	ESFJ 성격 유형	- 명랑쾌활하다. - 감정이 풍부하다. - 남 앞에 나서기를 좋아한다. - 교실 꾸미는 일을 잘한다. - 미리 걱정하는 경향이 있다. - 친구들과 잘 어울리고 좋아한다. - 왕성한 발표력, 언어계열을 선호한다. - 표현력과 리더십이 뛰어나다. - 일기를 잘 쓴다. - 이야기 중심의 소설류를 많이 읽는다. - 분명한 과제와 자세한 설명을 좋아한다. - 말이 많다.

SP 감각형 · 인식형(학습 태도)

- 장난꾸러기
- 학급의 양념
- 행동파 (백문이 불여일행)
- 다양한 자료, 교구 활용 요구
- 교사 중심 주입식 · 설명식 수업은 비효율적
- 자유스럽고 허용적인 분위기와 공간학습 선호

ISTP
성격 유형
	- 말수가 적고, 표정 변화가 거의 없다.
	- 의욕적이며 고집이 세다.
	- 앞에 나서지는 않지만 소집단에서는
	  리더 역할을 하려고 한다.
	- 여러 가지에 관심이 많다.
	- 왠지 강한 구석이 있다.
	- 뒷마무리가 부족하다.
	- 타인에 대한 배려가 적다.
	- 끈기가 부족하다.
	- 친구와 잘 다투고 잘 따진다.
	- 손재주가 있다.
	- 조용하다가도 일은 성급하게 한다.
		ESTP
		성격 유형
			- 개방적, 활동적, 적극적, 진취적이다.
			- 항상 즐겁다. 재치꾼이다.
			- 모든 일에 관심을 갖고 지나치게
			  참견한다.
			- 끝마무리가 부족(용두사미)하다.
			- 복잡한 것을 싫어한다.
			- 욕심이 많다.
			- 대중 앞에 강하다.
			- 행동이 많고 목소리가 크며 산만하다.
			- 말이 많고 잘 따지며 꾸중을 해도
			  자신의 입장을 끝까지 말한다.
			- 말과 행동의 불일치.
			- 임기응변이 뛰어나고, 호탕하다.

ISFP 성격 유형	- 마음이 너그럽고 순하다. - 낙천적, 천하태평. - 행동이 느리다. - 성급한 결론을 잘 내린다. - 끈기가 부족하다. - 부끄러움을 많이 탄다. - 외모에 관심이 많다. - 권위적인 분위기에서는 눈치를 살핀다. - 잔잔하게 산만한 편이다. - 주변의 요구를 뿌리치지 못한다. - 동 · 식물 사육이나 재배를 좋아한다. - 가끔 과격한 행동을 한다.	ESFP 성격 유형	- 활발하다. 천방지축이다. - 과잉 행동을 보인다. - 표정이 밝다. - 잘 먹는다. - 감정적이다. - 언제나 놀고 싶다. - 장난이 심하다. - 붙임성이 있다. - 단순하다. 솔직하다. - 목소리가 크고 말이 많다. - 뭐든지 급하게 해치운다. - 적응력이 뛰어나다. - 진지함이 부족하다.

NF 직관형 · 감정형(학습 태도)

- 꿈꾸는 공상가, 꿈나무
- 학급의 따뜻한 햇살
- 사람 혹은 자신과 관계 짓는 의미연결학습 선호
- 통찰력, 예리함, 창의성과 기발함을 언어 표현에서 발휘
- 개인적 격려, 친숙한 급우와의 소그룹 작업 선호

INFJ 성격 유형	- 조용하고 침착하다. - 책임감이 강하다. - 내면적인 욕심이 많다. - 잔걱정이 많다. - 또래에 비해 성숙한 사고력을 지니고 있다. - 민감하고 복잡한 정서를 가지고 있다. - 교사의 의도를 잘 알아챈다. - 개인적인 강화에 크게 고무된다. - 시끄럽고 복잡한 것을 싫어한다. - 학급일에 적극적으로 임하지 않는다. - 좋아하는 것과 좋아하지 않는 것 사이의 차이가 심하다.	ENFJ 성격 유형	- 온순하고 착하다. - 책임감이 강하고 신뢰감을 준다. - 주변 상황에 영향을 많이 받는다. - 정리정돈을 잘한다. - 딴 세계에 빠져 있을 때가 종종 있다. - 예능적인 분야를 좋아한다. - 특정 분야는 지나칠 정도로 진지하다. - 참을성이 많다. - 친구들과 잘 어울린다. - 뜻밖의 행동으로 주변을 놀라게 한다. - 터질 것 같은 화산을 마음에 품고 사는 아이이다.
INFP 성격 유형	- 조용하고 말이 없으나 마음은 깊고 따뜻하다. - 친구나 주변 상황에 민감하고 영향을 많이 받는다. - 민감한 정서세계, 동정심이 많다. - 약간 느리며 꾸준하지 못하다. - 실천력이 부족하다. - 칭찬과 비난에 민감하다. - 사려 깊다. - 좋아하는 것과 그렇지 않은 것 사이에 차이가 많이 난다. - 온화하고 부드럽다. - 잘 잊어버린다.	ENFP 성격 유형	- 순진하고 순수하다. - 기발하다. - 활발하다. - 분위기만 맞으면 과잉행동 - 좋아하는 것과 그렇지 않은 것 사이에 집중력의 차이가 난다. - 딴 생각을 잘한다. - 칭찬에 민감하다. - 용돈이 헤프다. - 사람을 좋아한다. - 반복 훈련 연습을 싫어한다. - 정리정돈이 안 된다.

NT 직관형 · 사고형(학습 태도)

- 꼬마 과학자
- 학급의 지성
- 한 가지 테마를 가지고 깊이 있게 관찰 연구하는 것을 선호
- 지적 호기심과 독립심 강함
- 과학 영역의 탐구학습 선호
- 교사의 일반적 설명을 싫어함

INTJ
성격 유형
	- '애늙은이'
	- 외모에 무관심한 편이다.
	- 고집이 아주 세고, 대단히 강하다.
	- 소수와 깊게 사귄다.
	- 이유가 타당하지 않으면, 끝까지
	  승복하지 않는다.
	- 모든 일에 이유가 많다.
	- 이론적, 논리적으로 따진다.
	- 공상과학만화를 좋아한다.
	- 감정 표현은 없으나 상처를 쉽게 받는다.
	- 칭찬이나 벌에 무관심하다.
	- 승부욕이 강하고 이길 때까지 한다.
	- 친구들이 사소한 (옷, 먹는 것 등)
	  이야기 하는 것을 속상해한다.
		ENTJ
		성격 유형
			- 원리원칙주의자이다.
			- 활발하다.
			- 논리적인 언어 표현
			- 고집이 강하다.
			- 간섭을 싫어한다.
			- 잘못된 것, 부당한 것은 꼭 바로잡고
			  넘어가야 한다.
			- 철저한 준비 자세를 보인다.
			- 통솔력이 있다.
			- 계획하고 마음먹은 것은 해낸다.

INTP 성격 유형	- 만물박사이고 논리적이다. - 주관이 강하고 고집이 세다. - 호기심이 많다. - 자기중심적, 간섭이나 잔소리를 싫어한다. - 주변의 상황에 영향을 받지 않는다. - 감정이 단순하다. - 정리정돈을 잘하지 못한다. - 학급에서 혼자 있는 편이다. - 잘못된 일을 꼭 지적한다. - 과학 영역에 관심이 많다. - 잘난 척하는 경향이 있다. - 못하는 친구를 무시하는 경향이 있다. - 관심이 없는 영역은 하지 않는다.	ENTP 성격 유형	- 활발하며 독창적이다. - 상상력과 표현력이 뛰어나다. - 친구들과 잘 어울린다. - 고집이 강하다. - 게으르다. 정리정돈이 안 된다. - 개인주의적 경향 - 다방면에 관심을 가진다. - 재주가 많다. - 쉽게 포기하는 편이다. - 자기 논리에 빠지기 쉽다. - 친구를 이끌려고 한다. - 반복 설명은 질색이다.